Fidèle infidèle.

J'ai ouvert la boite de Pandore.

Bien que bondée, la plage me parait vide quand la mer laisse sortir la reine de ses eaux. Sirène aux jambes finement dessinées sous un buste à faire pâlir la plus belle des statues antiques, ma femme me laisse toujours béat d'admiration à chaque fois que je pose les yeux sur elle. Nos quinze années de mariage n'ont toujours pas réussi à ébrécher l'amour inconditionnel que je porte à celle que je continue à voir s'embellir avec les années. Passée de belle adolescente délurée à femme à la beauté assumée, elle n'a fait que progresser sur le chemin de la perfection. Elle a beau trouver que mon jugement est totalement subjectif, je ne cesserai pas de lutter pour lui prouver que ce n'est que la réalité qui sort de mes lèvres à chacun de mes compliments sur sa beauté.

Ses longues jambes accroissent encore la douceur des magnifiques courbes de ses hanches que tous les hommes présents contemplent sans la moindre gêne. Incapable de détacher mon regard de celle qui me fait l'honneur de partager ma vie, je ne peux voir ces commentateurs de la beauté de mon épouse, mais je les entends s'exprimer à son propos. Aucun mot ne ressemble aux autres et chacun s'exprime selon sa propre sensibilité ou son niveau d'éducation, voire de manque d'éducation pour les plus vulgaires. Parfois heurté par le niveau de certains, je me retiens et me contente de me lever de la serviette pour marquer   les esprits en accueillant ma fidèle épouse sur le petit territoire de sable que nous avons pu arracher à la horde de vacanciers.

Debout sur le perron de nos trois mètres carrés de sable, je laisse se poser délicatement une serviette sur ses épaules que je caresse avec douceur. Mes mains glissent sur toute la surface de son dos jusqu'à atteindre ses fesses fermes que je saisis à pleine pour bien marquer ma position. Elle est ma femme, un long baiser pour ponctuer cette mise en garde avant de la laisser prendre de nouveau place sur son drap de bain. Bien à moi, peut-être, mais surtout bien à elle. A peine allongée, elle me lance son petit sourire auquel je ne saurais jamais résister pour m'envoyer à la recherche d'un jus de fruit au bar le plus proche. Comme si elle n'avait pu y penser plus tôt. Mais comment refuser quinze minutes de marche à la princesse qui fait rayonner mon quotidien depuis quinze ans. Je pars naturellement à la recherche du jus tant attendu par mon épouse, que je retrouve en grande discussion à mon retour.

Pourquoi pas?

La tête appuyé sur un bras aux muscles bien dessinés, un jeune homme est allongé face à elle. Tout sourire, il fait bouger sa main libre tel un charmeur de serpents sûr de son talent. Il me semble quand même un peu prétentieux de s'attaquer à une femme comme la mienne. A mesure que je me rapproche, je peux la voir sourire poliment tout en balayant ses longs cheveux noirs d'un geste de plus en plus appuyé. Nul doute qu'elle cherche la meilleure méthode pour éconduire ce prétentieux de la manière la plus diplomate possible. C'est bien dans son caractère de toujours faire en sorte de ne jamais heurter la sensibilité de quiconque. Une beauté au coeur d'or dont je suis fier d'être l'élu. Ne sachant pas ce qu'il en est exactement de leur conversation, je me contente de revenir prendre place de façon à bien montrer à l'imprudent que cette femme est la mienne. De la voix la plus viril possible, je lance un bonjour ferme au gamin qui me répond avec un grand sourire sans lâcher ma femme du regard. J'affirme un peu plus ma position d'époux en l'embrassant tout en déposant sa boisson devant elle. Le jeune se contente de se présenter à moi le plus poliment du monde avant de prendre congé tout en me complimentant sur le charme et l'élégance de mon épouse. Je ne peux qu'opiner du chef et rougir timidement à l'énoncé de cette vérité et le regarde partir le long de la plage à la recherche d'une femme libre.

Ma propriété retrouvée, je couvre de baiser le haut de son dos que je caresse délicatement sans me rendre compte de la lueur d'envie qui transparait dans les grands yeux noirs de ma douce Isabelle. Je ne la remarquerais qu'au moment de quitter la plage pour rejoindre notre appartement de location.

Elle qui est toujours disserte, reste les yeux dans le vague pendant la petite demi-heure de marche qui nous sépare de ce petit deux pièces. Même sa main reste inerte dans la mienne.

-Qu'est-ce qu'il t'arrive ma chérie?

-Rien.

-Dis-moi!

-Rien, je te dis.

Et elle laisse tomber ma main, et accélère le rythme. La connaissant bien, je préfère la laisser partir en avant. Je saurai bien le fin mot de l'histoire une fois qu'elle se sera calmée. Une femme reste une femme et je n'aurais pas la prétention de pouvoir réussir à en faire parler une qui ne veut pas parler; même la mienne. Je la laisse donc rentrer seule et m'attarde une petite heure le long du port touristique. Je me surprends à penser à ce jeune homme croisé sur la plage et ne peux m'empêcher de chercher ce qu'il a bien pu dire à ma belle pour la mettre dans cet état. Je le saurai bien un jour mais me contente d'un petit détour par un fleuriste pour une belle petite rose rouge qui saura certainement calmer les humeurs d'Isabelle.

Effectivement, c'est tout sourire qu'elle reçoit mon présent avec un petit bisous sur le coin des lèvres comme accusé de réception. Elle se lève même du canapé sur lequel elle était assise pour jouer encore une fois sur son smartphone. Pas la peine de lui demander mais j'imagine sans peine qu'il s'agissait encore d'une partie de l'addictif candy crush; une vraie arme de destruction massive pour les relations humaines ce machin-là. La rose négligemment posée dans un grand verre, elle rentre s'enfermer dans la salle de bains où je tente de la retrouver quelques minutes après. C'est un moment que j'adore. Quel bonheur de pouvoir promener mes mains sur son corps parfait sous le prétexte fallacieux de l'aider à se laver!

Mais cette fois, la porte est close et ne veut pas s'ouvrir. Madame entend préserver un peu d'intimité. Aïe, voilà qui ne présage rien de bon pour la soirée. La voici probablement dans sa mauvaise période du mois et je vais devoir passer en pilotage manuel si je veux offrir un peu de plaisir à mon matériel. Seul dans le salon, j'attends devant la télévision qu'elle ressorte de meilleure humeur et découvre un côté utile à tous ses nouveaux téléphones intelligents qui s'allument et annoncent tout de ce qui transitent par eux sans la moindre discrétion. La petite sonnerie d'annonce de réception des messages allument l'écran pour afficher le nouveau SMS reçu un court instant sur l'écran du smartphone resté sur la table basse.

Julien: "Si vous avez envie de sortir, je serais au pub irlandais à partir de 22hr, à tout à l'heure"

Je reste soufflé par le culot de ce jeune à qui elle aura juste donné son numéro pour qu'il la laisse tranquille. Je ne sais pas si c'est la sonnerie qui l'a faite revenir dans le salon si rapidement mais je peux enfin la voir prête avec une rapidité inhabituelle pour vite afficher, l'espace d'un court instant, un sourire que je ne lui avais pas vu depuis les premiers jours de notre relation. Un sourire qui me remet en mémoire la cour romantique que je lui ai faite pour avoir le bonheur de saisir le coeur de celle qui est devenu ma femme sans même avoir connus d'autres hommes avant moi. Un seul dans sa vie, ce fut moi.

-On sort toujours ce soir?

-Bien sûr, on ne va pas rester manger ici. C'est les vacances, il faut profiter.

Je ne sais pas comment aborder le sujet du message que je n'aurais pas du lire et la laisse croire à mon ignorance.

-Tu as raison, me répond-elle. C'est les vacances et on peut faire ce qu'on veut.

-Que veux-tu dire?

-Je pensais à une envie que tu as régulièrement et que je t'ai toujours refusé. Tu vois de laquelle je parle?

J'essaie de me remémorer toutes mes fantaisies passées, mais ne parviens pas à en faire sortir une du lot tant elles furent nombreuses et diverses. Cette incapacité à faire un tri précis n'échappe pas à Isa qui vient se poser debout devant moi, laisse tomber la serviette sur le sol pour me dévoiler son corps entièrement nu. D'instinct, je viens plaquer mon visage contre son ventre si doux. Je commence à en emmagasiner la chaleur quand elle me repousse de la main contre le dossier du canapé. Ses cuisses viennent se placer de part et d'autre des miennes pour me laisser en tête à tétons avec ses seins fermes qu'elle prend plaisir à promener contre mes joues rougies.

Ses mains caressent mon torse pendant qu'elle me donne des indices.

-Tu te rappelles de la seule fois où je t'ai fait la gueule pendant plus d'un mois?

-Oh que oui!

Je ne risque pas de l'oublier. C'est la seule période où j'ai cru voir notre mariage disparaitre; et pour la simple suggestion d'un fantasme.

-Je suis prête à essayer. Ici personne ne nous connait et il est temps de le faire. On pourrait le faire avec le jeune qui m'a accostée à la plage cet après-midi si tu es toujours partant pour ça.

-Je ne suis plus sûr que ce soit une bonne idée.

-Je suis persuadée que tu en crèves d'envie.

-Non, pas vraiment, je veux juste que nous passions du bon temps tous les deux.

-Ah ouais, petit menteur. Tu n'as pas envie de passer une soirée hors de l'ordinaire. Tu n'as pas envie de me voir comme les femmes qui t'excitent tant sur tes sites internet de pervers.

-Non, c'est non.

Sa main glisse le long de mon torse pour venir se plaquer contre mon sexe déjà légèrement gonflé quand elle commence à décrire la soirée comme elle l'imagine.

-Tu ne veux pas me voir offerte à un inconnu qui se plongerait en moi rempli de désir. Voir enfin un homme profité de ce corps que tu aimes à montrer aux autres.

Elle est nue sur moi, mais mes yeux se ferment pour la penser jambes écartées face à ce jeune qui la prendrait sans la moindre retenue. L'image m'obsède et me rends fou d'une excitation que je ne peux lui cacher. Sa main me caresse à travers le tissu du short et elle rigole en répondant pour moi.

-On dirait que tu es d'accord.

Et elle appuie avec un peu plus de force sur mon sexe qui se tend une nouvelle fois avec puissance pour marquer le tissu d'une tâche odorante qui confirme l'intuition de ma femme.

-Je ne t'ai jamais vu partir aussi vite. Tu es incroyable mon chéri.

Elle m'embrasse avec force avant de partir se nettoyer les mains.

-Tu es vraiment un amour. Je t'aime.

Heureux de l'entendre prononcer ces trois petits mots dont elle est généralement économe, je la rejoins dans la salle de bains pour me préparer aussi.

La première fois.

Par le côté du rideau de douche, je la regarde s'apprêter avec excitation et me lave au plus vite pour profiter de sa beauté rehaussée dans ces moments de préparation. j'ai toujours aimé la contempler quand elle se maquille encore dénudée. Je ne saurais dire pourquoi mais la voir ainsi habiller seulement sa peau de quelques produits finement choisis pour leur couleur comme leur odeur m'apparait comme la seule tenue que toute femme devrait se contenter de porter dans l'intimité, voire même en public si cela était autorisé.

J'aimerais pouvoir me promener dans la rue avec ma femme nue à mon bras, pouvoir sentir tous les hommes envieux dévorer du regard son corps de déesse que je viens serrer contre moi, perturbant l'application de son léger maquillage. De sa main libre, elle tente de me repousser mais mes mains prennent prise sous ses seins que je soupèse avec fierté. Ce sont mes seins avec lesquels je peux jouer quand je veux. Ils sont à moi, comme tout le reste de ce corps que je caresse avidement.

Elle n'essaie plus de me repousser et se contente d'une simple remarque quand je vais pour la prendre contre le lavabo.

-Calmes toi un peu, si tu ne veux pas passer pour un con tout à l'heure.

Bien que vexé par sa petite remarque qui a fait mouche, je ne peux la contredire. C'est vrai que faire l'amour deux fois dans la même soirée m'est impossible. On dira que c'est une latence normale avec les années. Je n'en suis pas convaincu mais cette excuse a au moins le plaisir de me rassurer sur mon incompétence à tenir le rôle de super-amant.

Je quitte donc la pièce pour réussir à calmer mes pulsions impossibles à retenir si je reste à côté de ma beauté et vais m'habiller dans le salon, où je me vois contraint de l'attendre pendant plus d'une demi-heure. Même à moi, une femme reste une femme. Mais comme toujours, l'attente est récompensée par l'élégance de cette femme que je découvre chaque fois comme si c'était notre premier rendez-vous.

Les cheveux lissés tombent avec légèreté sur ses épaules nues jusqu'au milieu de son dos où ils s'harmonisent avec la petite robe noire qu'elle a eu le bon gout de me faire lui offrir la veille. Apparemment satisfaite, elle vient faire tourner les pans de sa jupe devant mon visage qui s'empourpre à la découverte de l'absence de sous-vêtement sur son entrejambe seulement recouvert de la légère toison noire contre laquelle je viens poser un doux baiser. Plus qu'à enfiler ses petites sandales, noires elles aussi, et nous voilà parti pour ce début de soirée dont je me plais déjà à imaginer la luxure finale. Un jeune homme et moi en train d'abuser de ma femme transformée en une actrice porno le temps d'une ou deux heures de débauche. C'est un piment inconnu qui me met l'eau à la bouche et va relancer notre activité sexuelle plus sûrement que n'importe quel sextoy "made in china". Loin d'être inexistante, elle me plait largement, mais j'ai parfois l'impression qu'elle ne prend pas vraiment de plaisir et se contente de me laisser jouer dans son corps juste pour me faire plaisir. Ce soir, nous allons peut-être franchir un grand pas vers une nouvelle vie.

Et, main dans la main, nous partons à la recherche d'un petit restaurant dans l'attente de notre rendez-vous prometteur. Enfin attablés, nous ne nous parlons que très peu pendant le repas. Mi-excités, mi-angoissés, nous ne savons pas vraiment sur quel pied danser et c'est avec une bonne demi-heure d'avance que nous nous rendons dans ce pub irlandais où nous trouvons le jeune homme déjà attablé sur la terrasse. Petite chemise ouverte sur un torse musclé, le jeune se lève pour me serrer la main et faire la bise à mon épouse qu'il prend soin de laisser prendre place avant de s'asseoir. D'une politesse et d'une élégance rare pour un jeune comme lui, je me surprends à passer un moment très agréable pendant que nous faisons connaissance autour de petits mojitos bien frais. La discussion tourne autour de nos loisirs et professions respectives, mais jamais le sujet qui nous préoccupe n'est abordé avant que je ne m'absente pour les toilettes.

A mon retour, je peux voir le visage changé du jeune Julien qui nous laisse quelques minutes en couple pour une petite discussion en tête à tête. Isa prend mes mains dans les siennes pour m'expliquer le sujet qui le préoccupe, et elle aussi vu l'insistance suppliante de ses yeux plongés dans les miens sans jamais s'en détourner. Elle est charmée par la jeunesse et l'éloquence du dragueur de plage mais celui-ci est stressé à l'idée de faire ça en ma présence. Elle aimerait bien que je les laisse s'amuser les deux ensemble pour la première fois. Naturellement, je refuse de céder à cette demande loin de mon fantasme et voit alors ma belle se transformer en vraie séductrice. Penchée en avant, elle m'expose toute la profondeur de son décolleté pour motiver un changement de décision de ma part avant de finir par poser l'arme ultime de toute femme dans une négociation au sein de son couple.

-Si tu me laisses essayer une fois avec lui, je te promets que j'exaucerais ton rêve le plus fou.

-De quel rêve fou parles-tu?

-Tu te rappelles de ce que tu m'avais dit à propos de ta collègue lesbienne qui fantasme sur moi?

-Comment oublier? Chaque fois qu'elle parle de toi, elle a les yeux qui pleurent d'envie et moi aussi.

-Donc le marché est le suivant; si tu me laisses essayer cette nuit, je me la fais.

-Tu.....

  Je ne parviens pas à exprimer ma phrase, bloqué que je suis par l'image rêvée de ma femme nue collée contre la jeune blonde du bureau tout autant que martyrisé par mon sexe qui menace d'exploser tant l'idée fait plus que me plaire. Elle me dévore l'esprit à chaque fois que j'y pense depuis ce repas où la jeune s'est libérée et a commencé à me parler sans la moindre pudeur de son attirance pour mon épouse. Surtout quand elle a commencé à préciser qu'elle était prête à me laisser participer avec elles.

-C'est d'accord, mais juste pour cette fois.

-Merci, tu es vraiment un ange de mari, me dit-elle avec un grand sourire avant de m'embrasser. Et tu sais pour cette nuit, tu n'as pas à t'en faire. Je ferai tout pour le convaincre de te laisser participer aussi pour la dernière nuit que nous passerons ici avant notre retour à la maison, où, à part pour réaliser ton fantasme avec la petite jeune, je redeviendrai la bonne petite épouse parfaite aux petits soins avec son mari adoré.

-Mais moi, je deviens quoi ce soir?

-Tu peux aller draguer aussi, on a qu'à dire qu'on est deux célibataires le temps d'un soir. C'est les vacances et tout ce qui se passe ici reste ici.

   J'admets que le concept me plait assez, surtout avec toutes les petites jeunes en tenue plus que sexy qui se promènent en groupe sur toute la promenade du bord de mer. Le jeune éphèbe revient vers notre table avec un grand sourire auquel répond ma femme en se levant sans un mot. Elle dépose simplement un petit baiser sur mes lèvres avant de donner la main à son amant d'un soir qui l'entraîne à son côté. La voir partir ainsi me laisse un goût amer dans la bouche, mais l'arrivée de deux jeunes filles en mini-short à la table voisine me fait vite oublier cette impression d'avoir fait une grosse erreur. Je me vois déjà en tombeur de ces demoiselles quand elles se font rejoindre par deux hommes encore plus jeunes que celui à qui j'ai fait l'erreur de prêter ma femme. De ce côté, aucun espoir de trouver une conquête pour la nuit. Je traîne donc les bars jusqu'à ce que j'arrive à trouver une fille assez saoule pour s'offrir à un vieux de quarante balais, et fièrement, je la ramène à l'appartement pour conclure.

Vite déshabillée, elle se jette devant moi pour libérer mon outil. Le boxer enlevé, j'exhibe une belle érection à la jeune fille qui l'empoigne entre deux doigts et l'examine sous tous les angles possible avant de me regarder droit dans les yeux pour m'annoncer le plus naturellement du monde.

-Je veux bien être gentille et prendre soin de ta misère sexuelle, mais tu aurais pu prévenir que tu n'avais que ça à m'offrir, au lieu de vanter tes performances.

Je ne sais que répondre à l'offense, réaliste, de cette gamine prétentieuse. J'aimerais l'envoyer chier mais elle va jusqu'au bout de ses actes et prend quand même le temps, environ trois minutes, de me faire jouir de sa main avant de se revêtir pour m'abandonner avec une formule d'adieu que je rumine longtemps avant de réussir à trouver le sommeil.

-Tu m'as fait perdre une soirée, mais merci quand même pour les verres au bar. LOSER!

Cette critique m'obsédera jusqu'au retour d'Isabelle en milieu de matinée. Seulement accompagné de mon énième café, il est plus de dix heures quand j'entends enfin la porte de l'appartement claquer derrière elle. Je me précipite vers elle, la prend dans mes bras dans le petit salon et la joue contre la sienne, je ne dis rien. Je me laisse aspirer par elle, le nez englouti par ses beaux cheveux noirs, j'hume sa présence avec un plaisir non dissimulé.

-Je t'aime mon chéri.

-Chut!

Elle obéit et me laisse profiter ainsi de son corps pendant de plusieurs minutes bien trop longues à son gout. Alors que je continue à la serrer comme si je venais de la retrouver après de longues années, elle se soustrait à mon étreinte et me repousse avec rudesse.

-C'est bon, tu ne vas pas me faire tout un cinéma. Pas besoin d'envoyer les violons, je suis là.

-Mais c'est que je t'aime mon ange.

-Je le sais déjà. Et si tu m'aimes, tu peux me laisser un peu d'air pour respirer.

-Oui, tout ce que tu veux.

Elle se laisse glisser sur le canapé au pied duquel elle laisse tomber ses sandales, pendant que je vais lui servir un café. Pour la première fois, je prends la peine de lui apporter dans les règles de l'art, dans la petite tasse avec la soucoupe adaptée. Elle sourit à la vue de ce détail et me demande ce que j'ai prévu pour occuper cette dernière journée de vacances.

-Rien, je pensais aller à la plage, tout simplement.

Elle secoue la tête avec une moue de dépit.

-Comme d'habitude, tu n'as rien prévu et tu n'as pas d'idée.

-Je pensais que tu serais contente d'un dernier bain de mer avant de rentrer dans nos montagnes.

-Si je te propose une sortie en mer avec de l'inédit, tu es partant?

Je n'ai jamais été un grand partisan des sports nautiques, mais l'idée a le mérite d'apporter un peu de sel (marin) à la journée.

-Tu veux qu'on loue un bateau?

-Non, Julien se propose de nous emmener faire un tour en mer sur celui de son père et il est d'accord pour qu'on essaie à trois sur le bateau. Tu es content? demande-t-elle tout en écartant assez les cuisses pour me dévoiler la belle couronne noire qui entoure sa si délicate paire de lèvres à la rougeur encore écarlate.

-Franchement, je ne sais plus. Je....

Elle m'interrompt en posant son index sur mes lèvres, vient s'asseoir en douceur sur mes cuisses et ses seins pressés au maximum contre moi, reprend.

-Tu n'as pas le choix. On n'est plus des enfants, on joue jusqu'au bout.

-Mais chérie, je te veux à moi rien qu'à moi.

-C'est ça ou je te promets que tu ne me toucheras pas pendant au moins un mois. Tu as le choix, mais réfléchis bien.

Elle se lève et clos la question par un ultimatum qu'elle me lance en quittant la pièce pour la salle de bain à l'entrée de laquelle elle laisse glisser la porte dans un mouvement plus que suggestif. Les fesses cambrée dans ma direction, elle me lance avec une voix suave.

-Si tu veux encore en profiter, tu dis oui. Si tu dis non, c'est branlette pour un bon moment. Tu as jusqu'à la fin de ma douche pour te décider petit homme.

La porte se ferme sur l'image des fesses bien dessinées de ma belle qui verrouille pour ne pas être déranger pendant sa douche. Le claquement de la porte contre son cadre a l'effet d'un starter d'athlétisme sur mon cerveau qui part dans un brainstorming dément. J'essaie de trouver les mauvais côtés pour prendre une décision rationnelle mais impossible de faire preuve de réalisme avec pour seule élément de réflexion la beauté du corps de ma belle que je pourrais chevaucher sans la moindre retenue devant le regard jaloux du propriétaire du bateau qui va nous servir de gentil organisateur de loisir durant l'après-midi. Oui, il sera jaloux de ne pouvoir être qu'un petit gars qui ne doit qu'à mon plaisir de profiter du corps de la plus belle femme depuis Eve. Je ne cherche pas plus longtemps et ai vite la confirmation de la nécessité de dire oui quand elle apparaît de nouveau dans le cadre de la porte.

Une main appuyé sur le bord, l'autre posé sur sa hanche largement tendue sur le côté, elle maintient cette pose sexy qui rendrait fou n'importe quel homme.

-Alors, me demande-t-elle, Promenade en bateau ou branlette pendant des semaines?

Je me lève et vais l'embrasser avec force. Impossible de savoir si je vais tenir jusqu'à ce qu'on soit en mer. Elle est encore plus belle qu'à l'accoutumé, avec cette lueur jamais vue dans son regard jusqu'à hier. D'une main, je caresse ses seins pendant que l'autre se promène sur son mont de vénus devenue entièrement lisse pendant son passage dans la salle de bains.

-C'est nouveau, lui fais-je remarquer.

Elle monte doucement sa main de la hanche jusque sur ma joue et soulignant ce geste d'un regard amoureux, me demande:

-Tu aimes.

-J'adore, tu es magnifique.

J'accentue ma caresse sur sa brulante peau lisse et la plaque virilement contre le mur le plus proche, fermement décidé à remplir brillamment mon devoir conjugal. Elle me repousse avec douceur.

-Non chéri, tu attends qu'on soit en mer. C'est là-bas que je te veux en forme. Je veux un maximum de cette balade alors tu te préserves pour tout à l'heure.

Souple anguille, elle se glisse hors de mon étreinte. Et maintenant penchée en avant pour se saisir d'une belle petite robe blanche négligemment jetée sur le sol, son index glisse entre ses fesses tendues au sommet de ses cuisses fermes.

-Ne t'en fais pas, tu l'auras. Tout ce que tu vois est à toi.

Elle se redresse vite et laisse glisser la robe fine sur son corps dénudé.

-Tu ne mets rien dessous?

-Pour quoi faire? Nous n'aurons pas de spectateurs une fois sur le bateau.

-Mais tu ne vas pas te laisser bronzer nue devant un inconnu.

Isabelle éclate de rire.

-Vu tout ce qu'il m'a fait hier, je crois que ce n'est pas un vrai problème, non??

Je réalise la stupidité de ma phrase sans un mot. Un peu naïf par moment, je me remets dans le monde réel, je prends mes affaires de bains au complet et me retrouve pour la première fois à faire attendre mon épouse déjà prête et impatiente devant la porte. Ses doigts martèlent fébrilement la poignée qu'il lui tarde d'ouvrir pour une nouvelle journée de découverte à la rencontre de son fantasme rêvé de l'amour en mer.

Face à la réalité.

Enfin prêt à sortir, j'ai à peine le temps de refermer la porte à clef que c'est un véritable tourbillon qui m'entraine dans la rue à sa suite. Je n'avais jamais vu ma douce Isa aussi pressée de faire quoi que ce soit depuis nos premières rencontres adolescentes. Je la revois le jour où, toute aussi pressée, elle m'avait emmené au pas de course jusqu'au bord de l'étang du village pour me faire le cadeau de sa virginité. Est-ce qu'elle retrouve aussi la pensée de ce grand moment à l'idée de franchir un nouveau cap de sa vie de femme? Est-ce que s'offrir à deux hommes en même temps est aussi une étape unique pour toute femme qui ose le faire? La question est lancée en l'air et je ne cherche pas à y répondre tout heureux de voir que la petite brise marine fait, régulièrement levé le léger pan de tissu assez haut pour en dévoiler les fesses de ma propriété aux regards salaces et certainement jaloux de tous les machos de la rue qui n'ont pas la chance de me voir leur accorder autre chose que ce simple aperçu frustrant d'une beauté qu'ils ne pourront jamais toucher autrement que dans leurs rêves les plus fous. A la faveur d'une rafale plus forte que les autres, je ne laisse pas retomber la robe sur les longues cuisses et place avec assurance ma main sur l'une des fesses pour ne pas l'enlever du trajet que j'entends bien occuper en montrant qui est vraiment le patron.

-Petit coquin, me lance ma belle plante avec un sourire, sans pour autant chercher à m'empêcher d'exposer son fessier à la vue de tous les passants.

  J'apprécie cette courte marche, avec cette belle masse chaude et douce qui alterne fermeté et moelleux au rythme de ses pas. C'est le cerveau aussi troublé que ma libido est pleinement réveillé que nous parvenons sur les quais du petit port de plaisance. Là, je reste la main occupé à pétrir les fesses de ma belle dont les cheveux noirs flottent au gré du vent et de ses mouvements de tête pendant que ses grands yeux noirs fouillent l'horizon à la recherche de notre skipper d'un jour. Fièrement, je peux voir un marin trébucher alors qu'il tente de marcher tout en regardant le postérieur inoubliable de ma femme.

je rigole en pensant aux longues nuits blanches qu'il va passer avec l'esprit troublé par ce corps que lui ne pourra jamais avoir qu'en rêve, quand moi je peux le voir et en profiter chaque jour sans aucune limite.

Il n'y a que le petit chanceux, que ma femme vient enfin de trouver au loin, que j'autorise à bien vouloir réaliser un de mes fantasmes qui pourra en profiter une dernière fois grâce à ma générosité intéressée. A peine l'a-t-elle vu que je me retrouve à pétrir le vide de ma main encore chaude de la chaleur de ce beau fessier. Sans un mot, Isa est partie au pas de course le long de la jetée pour rejoindre le bateau du jeune Julien qui nous fait de grand signe de derrière son poste de pilotage. Le jeune en short descend de son bord pour faire un bel accueil chaleureux à ma femme qui lui saute au cou en le rejoignant sous les regards étonnés, voire moqueurs, des plaisanciers présents alentours. Je me joins aux embrassades, surpris de voir le jeune me faire la bise comme à un proche, mais je le remercie intérieurement de l'attention qui me permet de ne pas passer pour un charlot devant tous ces inconnus devenus spectateurs de retrouvailles pouvant passées pour "familiales".

Les saluts échangés, je suis ma femme sur le beau petit bateau bien équipé avec banquettes matelassées et une partie habitation capable de tenir la comparaison face à de nombreux appartements citadins. Le jeune défait les amarres avant de sauter prestement sur le bateau au moteur déjà tournant sous les yeux dégoulinant d'envie de mon épouse. Je me rappelle à son existence en la serrant contre moi, mais elle semble ignorer jusqu'à mon existence, toute captivée par le beau capitaine du navire qu'elle admire pendant sa manoeuvre de sortie du port sans le moindre à coup, ni la moindre hésitation. Il maitrise son domaine et entend bien le montrer. Cette aisance est la source de la première tentative de mettre de l'ambiance de la part d'Isabelle qui tente un trait d'humour en lançant joyeusement.

-Prends des notes chéri, ça t'évitera de cabosser encore la voiture quand tu te gares.

Elle me tapote la cuisse tout en rigolant fortement pendant que le bateau prend de la vitesse une fois les jetées dépassées. Je me renfrogne et détourne le regard en direction du port pendant que ma belle dévore des yeux le corps de notre guide. J'ai beau ne pas être à l'aise, je tends à le trouver de plus en plus sympathique à le voir se retourner régulièrement pour s'inquiéter de notre capacité à résister au mal de mer pendant le court trajet qui trouve rapidement fin dans une petite crique apparemment déserte. Habitué de l'endroit, notre skipper coupe les moteurs une centaine de mètres avant le goulet d'entrée pour laisser l'embarcation terminer sa course sur son erre. Je ne peux que saluer l'expertise de cette manoeuvre qui nous mène à un arrêt sans aucune manipulation des commandes jusqu'au milieu de cet endroit paradisiaque. L'eau bleutée translucide de ce lagon à une simple encablure de la France est un vrai dépaysement.

Bien que charmé par l'endroit, je le suis encore plus par le spectacle de ma femme. La belle femme mature et sûre d'elle perd toutes les années accumulées malgré elle pour redevenir la jeune adolescente que j'ai rencontrée il y a de cela des années. Sous les longs cheveux noirs, son sourire éclatant ne trouve que l'éclat de ses grands yeux comme rival. Même l'eau limpide parait obscur à côté de cet éclat magnifique. Elle m'en fait profiter encore mieux en collant son visage contre le mien, les lèvres effleurant les miennes, son haleine sucrée me renvoie au plus beau des passés par un simple petit rappel.

-C'est comme pendant notre lune de miel. Tu ne trouves pas?

Je n'ai pas le temps de répondre à sa question à la réponse si évidente qu'elle m'embrasse à pleine bouche. Elle semble ne pas vouloir s'arrêter et c'est essoufflée par ce long baiser que nous nous retournons tous deux vers notre hôte impatient. Nous l'avions à peine remarqué essayé de nous sortir de notre nostalgie avec ses verres qu'il fait tinter entre eux désespérément pour nous ramener aux choses importantes de la vie, du moins pour un jeune sudiste.

-Oh les amoureux, on va peut-être commencer par prendre un rosé. Vous aurez tout le reste de la journée pour profiter de la beauté de MON pays alors que le rosé, lui, il risque de tourner. Avec ce soleil, on n'est jamais trop prudent.

Isa et moi rigolons en l'écoutant sortir sa mauvaise excuse pour boire un verre mais acceptons volontiers son invitation à boire cette bouteille autour de laquelle nous sommes maintenant tous trois assis. La discussion tourne autour de la beauté de l'endroit qu'à chaque fois notre jeune skipper ramène à la beauté de ma femme aux joues rougies d'être ainsi flattée, à moins que ce ne soit le petit rosé local qui soit un peu trop fort pour son organisme un peu trop fragile. Placé devant une situation aussi inconnue que désirée, je ne sais comment faire pour que nous lancions le débat sur nos ébats. C'est donc ma femme qui, enhardit par l'alcool, nous ramène au but de la journée.

Debout entre les deux banquettes, elle saisit le bas de sa petite robe pour la retirer par le haut en nous dévoilant son corps avec une lenteur sensuelle. Face au jeune skipper, elle découvre d'abord ses petites lèvres surmontées de la petite moustache pubienne que j'adore. Son sexe offert à la vue laisse nos regards salaces suivre le bout de tissu qu'elle relève encore pour libérer ses seins qu''une fois entièrement nue, elle joue faire danser de droite à gauche devant le jeune ébahi par cette beauté penchée une nouvelle fois vers lui sans la moindre pudeur pendant que le mari que je suis, tout excité, caresse les fesses ouvertes que mes doigts curieux tentent une nouvelle fois de fouiller pour me faire encore interdire cet accès qu'elle ne m'a et ne me laissera jamais pénétrer. Sa main fait descendre mes doigts curieux sur sa vulve déjà trempée, et soudainement elle se soustrait à nous. Debout sur la banquette latérale, elle désigne son sexe des index.

-Si vous le voulez, il faut venir le chercher.

Devenue une gamine au visage espiègle, elle se retourne et fait un plongeon parfait dans l'eau clair de la crique. Parfaitement droite, elle pénètre l'eau dans un minimum d'éclaboussures pour rejaillir quelques mètres plus loin avec un sourire éclatant au milieu de la grande auréole noire de ses cheveux sur la surface azurée. Ses cuisses sportives ramenées à l'équerre nous suggèrent l'accessibilité de son corps lors des petits mouvements de brasses qui la ramènent vers le bateau pendant que nous restons silencieux à admirer cette sirène. La naïade joue à se laisser descendre plusieurs fois vers le fond en laissant chaque fois ses longues jambes tendues au maximum au dessus de la surface jusqu'à obtenir le résultat désiré en un beau plongeon de Julien qui la rejoint en moins de deux mouvements de nage sous l'eau. Même dans l'eau, il est parfait ce gamin, je comprends l'insistance d'Isabelle à vouloir passer notre dernière journée de vacances avec lui. Ses lèvres lui dessinent un sourire qui fait presque se rejoindre les deux oreilles quand il émerge de l'eau juste contre elle.

Ravie, elle se colle contre lui, passe les deux bras autour de cette bouée humaine qui les maintient à la surface sans fatigue apparente à l'aide d'un seul bras occupé à battre l'eau tandis que je peux voir l'autre attentif à pétrir les fesses de ma femme. Les rires de ma belle résonnent contre les rochers de la crique jusqu'à se que lassée de ces petits jeux platoniques, elle entraine le bel éphèbe dans la direction du bateau. L'échelle de poupe est vite atteinte par les deux nageurs et je m'empresse de tendre la main à ma belle trempée que son acolyte a laissée monter à bord avant elle. On aurait pu y voir un geste élégant, voire galant, mais se retrouver avec une jolie paire de fesses comme celle-là qui vous surplombe est une meilleure motivation que tous les cours de savoir-vivre imaginable. Lorsqu'elle a pleinement pris pied sur le pont, je sue à grosse goutte en plaçant un drap de bain sur son dos parsemés de fines gouttelettes traversant la douce étendue sans même prendre le temps de s'attarder sur les jolies traces blanches de son bronzage. Son léger maillot a laisser les marques blanches juste sur les début de courbes de son corps accentuant encore leur douceur, un pur délice pour le spectateur que je suis. le haut de son corps vite séché par mes mains affamées de caresse, elle m'arrache la grande serviette des mains pour se tourner vers Julien dont elle caresse le corps avec une envie visiblement réciproque.

 Je passe outre cette remarque que je garde pour moi et entame de lui rappeler mon existence en la ramenant vers moi avec le prétexte et l'intention de lui passer de la crème, mais reste bêtement oublié d'eux avec mon tube de crème solaire à la main. Elle n'a pas vu ou n'en veut pas (pourtant c'est de la bonne avec la jolie odeur exotique, comme ils annoncent dans les publicités). Je prolonge mon action un peu dépité et me retrouve ainsi derrière elle avec mon tube que je commence à vider en laissant couler le produit en une ligne rejoignant ses deux épaules qui s'affaissent lentement jusqu'à n'être plus qu'à la hauteur de mes hanches.

-Faut enlever ça si tu veux sécher, rigole ma femme tout en descendant le caleçon de bain de Julien.

-Hoooo! Tu m'as l'air bien motivé, lui lance-t-elle maintenant à genoux devant lui quand la jeune verge libéré du tissu mouillé s'est tendu jusqu'à venir lui frapper le nombril.

Le jeune ne dit rien et d'une main délicatement posée sur la joue de ma belle en chaleur, il la place bien dans l'axe de son membre énervé qu'elle prend vite en bouche. Les mains plaquées sur ses épaules douces je continue stupidement ma manoeuvre d'étalage de crème. Trop surpris pour être réellement excité, je m'accroupis derrière elle, toujours agenouillée, et colle mon corps contre le sien en glissant contre sa peau et la tête sur son épaule, j'admire sa bouche englober sans sourciller ce membre énorme. Ses lèvres se gonflent à chaque sortie de ce sexe dont elle garde constamment le bout en bouche. Les joues creusées, elle le suçote avec un plaisir que ces grands yeux noirs laissent visible au jeune dont l'excitation est si intense que je les rejoins vite dans leur libido. A genoux derrière elle, j'étale la crème sans quitter des yeux le ballet magnifique de ses lèvres joueuses enroulées autour de ce gland énorme. Même les petits bruits de succion si laid, voire tue-l'amour dans une chambre sont beau à entendre lors de la conversation incompréhensible qu'ils ont avec le petit clapotis des vagues contre la coque de l'embarcation.

Toute absorbée par ce vit qu'elle dévore telle une ogresse affamée, ma belle épouse ne m'oublie pas. Elle pense à moi, d'ailleurs elle pense toujours à moi, et de sa main libre elle se saisit de mon sexe raide à travers mon maillot pour me relever avec douceur jusque devant elle. Là, j'ai le plaisir de la voir baisser mon bout de tissu pour dévoiler mon sexe surexcité qu'elle commence aussitôt à secouer avec frénésie sans s'arrêter de stopper la fellation commencée sur Julien. Le sentant proche de l'explosion, elle arrête d'officier sur le jeune homme pour se tourner franchement vers moi. Ses yeux se plongent dans les miens pour m'offrir le regard tendre que j'aime tant chez elle. Elle a déjà la bouche ouverte prête à gober mon manche quand elle s'arrête pour nous tirer chacun par le bout de la queue, comme il se dit normalement, et placer nos engins côte à côte.

J'ai un peu honte à souffrir cette comparaison impossible avec ce morceau de viande au moins deux fois plus gros que moi, si ce n'est plus. Mais ma belle sait ragaillardir mon zizi quelque peu humilié en le gratifiant d'un beau petit bisous sur le bout du gland, un hommage refusé au jeune qu'elle n'a pris que comme une grosse saucisse bavaroise sans beauté ni élégance, juste avec un plaisir bestial. Il peut faire ce qu'il veut, jamais il n'aura autant de faveur de sa peur que moi. Je suis son homme après tout. Elle poursuit en promenant sa langue sur le pourtour de mon bout qu'elle secoue avec force tout en continuant à caresser celui du gamin que j'ai bien voulu autoriser à venir jouer avec nous. Je suis ivre de bonheur et part vite vers des sommets d'extase que je tente d'empêcher de s'exprimer mais sentir les longs doigts de mon épouse magnifique en pleine action sur un autre en même temps me fait gicler mon plaisir avec force. Elle rigole en me lançant sa petite critique habituelle, toujours accompagnée d'une petite claque sur cuisse.

-Tu aurais pu prévenir, tu sais bien que ça me pique les yeux.

Elle se saisit de mon short pour s'essuyer tout en continuant à maintenir le membre énorme de Julien sous pression alors que je vais m'asseoir sur la banquette la mieux orientée pour les voir pleinement en train de jouer. Assis face à eux, je commence à branler mon sexe flasque machinalement sans grand espoir de le voir redevenir assez vigoureux pour participer de nouveau, mais je suis heureux, j'ai pu jouir dans la réalisation d'un de mes fantasmes les plus fous; il ne me restera plus que tenter la baise en apesanteur pour clôturer la liste, mais je ne suis pas certain que l'occasion se présente de sitôt.

Tant pis pour l'espace sidéral, je suis déjà dans les étoiles à voir ma femme en action. Elle se relève soudain pour venir vers moi. Elle s'accroupit à de ma banquette et fouille son grand sac avec nervosité pendant que je continue à me caresser la nouille tout en admirant ses belles fesses à la raie bien élargies par sa posture. Du coin de l'oeil, je peux voir que Julien est lui aussi en train de caresser son sexe avec un sourire moqueur chaque fois que son regard se détourne des fesses entre lesquelles il rêve de s'insinuer et mon sexe ridiculement petit comparé au sien.

"Tu en as peut-être une grosse, mais moi j'ai ça que tu ne peux pas avoir", me dis-je intérieurement en flattant de la main la croupe de ma femme qui se relève enfin victorieuse. Elle brandit sous mon nez un préservatif sorti du fond de la caverne aux trésors qu'est son sac, me fait un petit smack sur le coin des lèvres avant de retourner vers le beau gosse en rut.

Elle va pour l'embrasser mais il détourne la tête pour ne pas devoir subir l'humiliation de poser ses lèvres sur une peau à peine lavée du sperme d'un autre homme. Fut-il le mari, ce n'est pas une chose correct pour un homme digne de ce nom. Nous sommes tous pareils et avons toujours cette fierté masculine ancrée fermement en nous. Isabelle se fige le temps de comprendre la raison de ce refus qu'elle comprend instinctivement. Puis elle attaque la partie qui l'intéresse le plus en s'attaquant à la pose de ce latex qu'elle ne connait vraiment que depuis hier soir, mais motivée par sa libido, elle ne met guère plus de trois secondes pour envelopper le sexe de Julien qui la soulève comme si elle n'était qu'une simple poupée. Emportée par l'envie, Isa se laisse jeter sur la banquette sans la moindre délicatesse par ce jeune guidé que seul ses hormones commandent. Guidée, elle aussi, par ses hormones, elle lève les jambes vers le ciel. Prête à la recevoir, elle accueille avec délice les mauvaises manières de ce jeune qui me mettrait presque hors de moi, s'il n'était pas aussi musclé bien sur.

Ayant une conception bien à lui des préliminaires, je peux le voir utiliser une méthode très romantique pour s'assurer de l'aisance de la pénétration. De la main gauche, il empoigne une cheville qu'il claque avec force contre l'autre. maintenue fermement dans la grande main qui les enserre, les jambes de ma femme sont transformées en jouet à la seule disposition de l'homme qui me montre comment abréger le cunnilingus si apprécié par ma belle avant l'acte. Il laisse descendre sa main droite sur les lèvres d'Isa qui ronronne en sentant cette main forte presser sur son petit bouton rose érigé en totem au milieu de ce lieu de doux plaisir pour sentir la fraicheur du vent la pénétrer quand les doigts étrangers écartent la mince porte de ses lèvres humides.

Je m'attends à le voir donner le petit coup de langue règlementaire quand il penche la tête sur l'avant mais seul un crachat sort de sa bouche pour atterrir au bord de l'entrée de mon paradis conjugal. Perdu dans la légère toison noire, sa main se contente de frotter fortement le pourtour du vagin d'Isa qui mélange grognement de plaisir et roucoulement de bonheur tant la caresse est donnée avec force. La main passe et repasse jusqu'à ce que le maitre d'oeuvre juge l'entrée assez lubrifiée pour son sexe encapuchonnée de latex glissant bien assez pour qu'il sente que l'accès lui soit possible. Sa main passe de la petite chatte mouillée à son manche qu'il place contre ma belle impatiente.

-Vas-y, je te veux en moi, répète-t-elle.

Et comme tout homme bien éduqué désireux de satisfaire aux demandes d'une dame par pure galanterie, il pousse son gland à l'intérieur de mon épouse. Elle lâche un gémissement à l'entrée de ce calibre inhabituel. Je la vois agripper des deux mains le tissu de la banquette plissée par les mouvements saccadés de son dos qui se creuse en réponse naturelle à cette insertion sans aucun rapport avec celle de mon petit engin que je regarde maintenant avec une honte non dissimulée. Je ne me masturbe plus et me contente de caresser mon outil devenu pendant de jalousie devant ce monstre qui pilonne ma femme.

Les pieds d'Isabelle posés sur son épaule, Julien tient fermement les cuisses de ma belle qui pousse des "han" à chaque coup de boutoir du jeune étalon. Aucun romantisme ni aucun érotisme ne se dégage de ce coït animal et les cris que pousse mon épouse m'évoque plus de la douleur que du bonheur en réaction à ce poney qui la malmène comme si elle n'était qu'une simple poupée. Ces cris de douleur me font mal au coeur, j'aimerais pouvoir calmer l'animal qui la besogne mais n'ose pas. Je me contente de me rapprocher d'eux pour me mettre à genoux à côté de la banquette. Là, je colle mon visage contre la joue douce de ma belle que je couvre de petits baisers tout en caressant d'une main ses soyeux cheveux noirs pendant que mon autre main se promène sur son ventre tremblant. Julien ralentit un peu le rythme de son va et vient pour profiter un peu du corps magnifique qu'il n'aura plus jamais l'occasion de toucher après cette démonstration de bestialité. Il écarte maintenant les cuisses pour en ressentir toute la chaleur contre ses flancs et plaque sa bouche contre un téton tressaillant qu'il maintient en place avec de petites sucions.

Les cris font alors place à des gémissements de plaisir que ma douce me traduit après avoir enlever ses mains de la banquette pour les placer autour de mon crâne qu'elle tire à elle. Ses lèvres contre les miennes, elle profite de ne plus avoir sa tête qui rebondit en tout sens pour m'embrasser avant de m'avouer de sa voix douce.

-J'adore. Tu es vraiment un amour.

Je lui rends son baiser sans me soucier de l'haleine de marée qu'elle a encore en bouche. Je savoure sa chaleur et le renouveau d'excitation qui part de mon cerveau pour aller réveiller mon sexe de nouveau gonflé de désir. Elle sourit et empoigne ma tige qu'elle caresse doucement. Je l'embrasse de nouveau et encourage la douce masturbation qu'elle me prodigue en entrainant son avant bras d'une main quand l'autre se promène autour de ses mamelons malmenés sur ce corps de nouveau tourmenté par le retour de la vigueur de Julien qui baise ma belle avec de plus en plus d'ardeur.

Secouée telle une poupée, Isabelle manque de glisser de la banquette quand le jeune homme reprend son pilonnage en règle de la chatte de mon épouse. Elle me demande du soutien en serrant ma nouille devenue son seul maintien. En réponse, je jette mes deux mains sous ses épaules que je maintiens tout le temps de la dernière ligne droite du jeune amant qui continue à la pousser en arrière sans en prendre conscience avant sa jouissance finale qu'il accueille par un grognement animal en laissant tomber son torse contre le ventre d'Isabelle, qui tout sourire réceptionne la tête de ce bon baiseur sur le doux oreiller de ses jolis seins.

Il passe ainsi quelques secondes heureuses à profiter de cet oreiller que mes mains maintiennent à la bonne hauteur jusqu'à ce qu'il décide enfin de se retirer de cette petite chatte rougies par l'intensité de la baise qu'il vient de lui donner. Radieuse, elle me laisse la reposer délicatement sur le petit matelas pour annoncer triomphalement au jeune chanceux d'avoir été autorisé de la baiser par moi que c'est la première fois de sa vie qu'elle prend du plaisir en baisant.

Incapable de rétorquer quoi que ce soit, je baisse la tête pour regarder avec tristesse ma verge redevenue immédiatement molle dès l'annonce de ce constant échec sexuel. Je ne comprends pas comment elle a fait pour me mentir tout ce temps. Ma bite est peut-être moins grosse mais elle a toujours été travailleuse et l'a toujours fait couiner; doucement certes, mais couiner quand même. Le regard fixé sur mon bout de peau inerte, je vois les longs doigts que j'aime entrer dans mon champ de vision pour lever négligemment cet engin inutile qui retombe avec lourdeur une fois la main revenue se poser sur le ventre parcouru de petits tremblements que je ne comprends pas encore. Le souffle court, elle me lance avec le plus grand naturel:

-Mon dieu, qu'il baise bien!

Je préfère ne pas relever et après un petit bisou sur sa joue, je me retire jusqu'à la banquette la plus éloignée pour la regarder, pour l'admirer. De nouveau allongée confortablement sur la banquette, elle reprend ses esprits tout en gardant les yeux fixés sur ce membre énorme qui traverse presque la moitié de la cuisse du jeune qu'elle dévore du regard. Vidé et débarrassé de la capote pleine, le sexe du jeune reste impressionnant et c'est avec plaisir que je le vois plonger dans l'eau. S'il reste à tremper assez longtemps, je pourrais peut-être tenir la comparaison un peu moins honteusement. Le beau plongeur disparu sous l'eau, Isabelle quitte cette obsédante vision pour se laisser reposer sur la banquette. Mari attentionné, je tiens à lui rappeler mon existence et reprend mon travail d'étaleur de crème sur son côté face.

Elle ne me regarde pas, se contentant d'accueillir mes mains sans un mot. Ses yeux brillent de mille feux à la seule pensée de ce membre vigoureux qu'elle ressent encore enfoncé en elle. Ses mains passent et repassent sur le pourtour de ses lèvres toujours rouge à seulement quelques centimètres de mes doigts. Encore plus attirante qu'à l'accoutumé, je brule d'envie de retourner en elle. Je veux sentir sa chaleur autour de mon outil de nouveau durci par le désir et lui fait comprendre en en frottant le bout contre le haut de sa cuisse, mais sa main vient directement se placer devant l'antre convoitée pour m'en interdire l'accès.

-Non chérie, c'est une mauvaise idée. Tu ne sentirais rien après son passage et moi non plus. Laisse-moi faire!

Ses doigts se tendent vers moi pour saisir le bout de mon engin que je rapproche d'elle jusqu'à sentir son index entièrement enroulé autour de mon tuyau gonflé qu'elle caresse après l'avoir regardé d'un air méprisant. Vexé une nouvelle fois, je continue de me taire, baisse les yeux et regarde. Je regarde le spectacle détaché de ce sexe que je secoue à grand coup de bassin pour accroitre la faible pression de ces doigts négligents. Je cherche le plaisir à l'aide de grands cous de bassin donnés dans le vide et attend une motivation qui ne viendra jamais des beaux doigts de cette femme au visage souriant tourné vers le jeune amant efficace qui remonte maintenant l'échelle de coupée du bateau.

Isabelle oublie mon existence à l'arrivée du jeune homme sur le pont et ses mains abandonnent mon petit sexe dès que l'énorme membre du jeune étalon entre dans son champ de vision. Vite debout, elle va se jeter dans ces bras musclés sans penser à rien d'autre que le bonheur de jouir de cette belle jeunesse que je ne peux lui offrir.

Elle est souriante et fait mine d'être heureuse mais je ne peux me retenir de vouloir être de la partie. Cette femme est la mienne. Je reprends mon souffle pour aller me joindre au duo déjà bien avancé sur la piste des plaisirs. Entreprenant, je me colle contre elle. le sexe contre ses jolies fesses, je passe mes mains sur son côté recto pour profiter de la chaleur de ses seins aux tétons érigés. Tout absorbé aux caresses sur ses jolis monts, je commence machinalement à faire aller mon bassin contre ses hanches dans un simulacre de copulation. Mon sexe droit se frotte au corps de la femme aux beaux cheveux noirs qui arrêtent d'embrasser le jeune amant pour se souvenir qu'en tant qu'épouse, c'est à moi qu'elle doit donner son corps en priorité. Elle l'explique avant un dernier baiser à son jeune étalon frustré de ne pas avoir la primeur de ce corps qui m'appartient.

-Ne t'en fais pas Julien, il n'en a pas pour longtemps. Et surtout, tu ne nageras pas après son passage, lui lance-t-elle en rigolant tout en se penchant pour m'accueillir.

Obsédé par cette paire de fesses ouvertes, je l'entends sans comprendre ses mots et passe vite à l'action. Sur la pointe des pieds, je me porte à la hauteur de ses hanches que je saisis fermement pour me maintenir au sommet de ses longues cuisses et la pénètre avec vigueur. L'entrée est aisée dans cette douce caverne encore élargie du passage du monstre de Julien et toujours bien humide de l'excitation actuelle de la réapparition de ce même Julien. Je me débats sans ressentir grand chose pendant une courte minute, mais cela suffit à me faire tout décharger virilement sur ses fesses que j'arrose de quelques maigres gouttes, sous le regard moqueur du jeune Julien.

Isabelle passe la main sur ses fesses sans se retourner et s'adressant à Julien autant qu'à moi se remet à parler.

-Je t'avais dit que ce ne serait pas long. Dès qu'il a fini de nettoyer, tu pourras venir aussi. Elle se redresse, l'embrasse tendrement et rajoute: Je te veux dans moi, j'ai besoin de te sentir encore et encore.

-Tu vas me sentir, lui répond le jeune étalon tout en caressant son membre déjà raide qu'il maintient devant les l'entrée du corps de ma femme que je débarrasse fébrilement de toute la souillure que j'y ai laissé.

Une fois les dernières taches de sperme enlevées de mon chiffon, je relève la tête vers le jeune pour lui annoncé:

-Vous pouvez y aller.

Je me maudis à l'instant même où je lui dis. Pourquoi avoir été si con? Pourquoi avoir désiré cette expérience? Je m'en veux maintenant que ma femme en rajoute une couche en me tapotant le dessus du crâne pour me féliciter.

-C'est bien, tu es un bon mari mon chéri.

Elle termine ce compliment par un fou rire qu'elle ne stoppe qu'au moment où je peux voir le membre de Julien entré presque entièrement en elle en un seul coup de rein. Un cri entre douleur et plaisir sort de la bouche de ma belle.

-Oui, prends moi.

-Je vais te défoncer ma salope, lui lance Julien au dans un moment d'excitation.

Outré de l'entendre se faire insultée par ce jeune con, je me lève pour lui apprendre la politesse à grands coups de poings, mais la réponse de ma femme calme toute ardeur belliqueuse. Elle sourit et tourne son visage vers lui.

-Oui, je suis ta vieille salope, défonce-moi.

Elle termine en se projetant en arrière avec tout l'élan de son corps pour prendre le maximum de cette verge énorme. Encouragé, Julien redouble d'ardeur et manque de faire tomber Isabelle sur le sol à plusieurs reprises.

-Tu es un vrai dieu, lui lance-t-elle soudain.

Jamais, non jamais, je ne l'ai vu comme ça. Le plaisir du début disparait vite pour laisser place à une énorme frustration qui me pousse à partir profiter à mon tour des plaisirs de la baignade dans l'eau calme de la petite crique. Un plongeon et quelques brasses en apnée me mènent vite sur les rochers plats de la rive. Une pierre chaude pour lézarder, un beau paysage et clapotis de l'eau; tout est réuni pour passer un moment de détente absolu. Si ce n'était les hurlements de ma femme qui transperce le silence de la petite île. J'aimerais m'en extraire mais l'intensité de ses cris est si forte que je ne peux pas penser à autre chose et reviens constamment à regarder vers le bateau que je ne quitte plus des yeux.

Ils sont maintenant sur la banquette du bord. La touffe noire des cheveux d'Isabelle vole tout autour de son visage que j'ai en plein milieu de mon champ de vision. Un peu honteux de l'admettre mais la voir secoué en tout sens comme une simple poupée me met hors de contrôle. Je pourrais bander à nouveau, je crois que je me branlerais au lieu de caresser stupidement ma verge maintenant victime de la méchante pesanteur. Impossible de la voir indiquer autre chose que la direction du sol, malgré tous mes efforts pour la faire se redresser. Tout mou et pendant, je me vois obligé d'admettre la supériorité de Julien qui semble incapable de connaitre la moindre fatigue derrière ma femme qu'il secoue avec tant de force qu'elle crie maintenant sans la moindre interruption.

Enfin, un râle viril traverse les airs pour répondre aux cris de mon épouse retombée sur la banquette. Dans un réflexe idiot, je regarde l'heure à mon poignet sans savoir pourquoi et me jette à l'eau pour les rejoindre et leur rappeler que l'heure tourne. Et aussi que j'en ai marre et voudrais tant que cette journée soit déjà finie. Hissé sur le pont du bateau, c'est le silence total qui m'accueille jusqu'à ce que Julien exauce mes prières en démarrant le moteur pour nous ramener au port. Pas un mot n'est échangé pendant le trajet du retour. Seules quelques politesses sont échangées entre le jeune skipper et ma femme qui ne manque pas une dernière occasion de l'embrasser avant de me suivre jusqu'à l'appartement.

Retour à la réalité quotidienne.

Dans l'appartement, nous passons la soirée sans nous échanger autre chose que des banalités sur notre trajet du lendemain. Les valise sont-elles prêtes et à quelle heure est-ce qu'on part furent les deux seuls sujets de discussion de notre dernière nuit en bord de mer, et ce fut ainsi pendant tout le trajet du retour à la maison dans notre belle petite montagne.

Après ces six heures de trajet muette, je pense qu'elle va enfin redevenir la gentille épouse loquace que j'aime. Et effectivement, je peux entendre le son de sa voix quand je coupe le moteur de la voiture dans le garage.

-Je vais prendre une douche, tu peux décharger tout seul.

-Oui, bien sûr.

Que pourrais-je lui répondre d'autre. Le coffre est vite déchargé pour donner naissance à une petite montagne de valise au milieu du salon. Pas trop au courant de où vont les choses, nous ne sommes dans la maison que depuis une dizaine d'années, je laisse tout à la charge d'Isabelle qui, en bonne maitresse de maison, connait la place de toutes choses. Ma grosse part de travail faite, je m'offre une bière de consolation sur le canapé et déclenche la colère de ma belle tout juste sortie de la douche.

-Tu pourrais au moins penser à vider les sacs, c'est pas sorcier, les vêtements sont à mettre dans la machine ou à côté si elle est déjà pleine. Au lieu de te poser direct pour boire des bières, rends toi utile pour une fois.

Surpris du ton de ses reproches que nous avons tendance à prendre pour un jeu, je ne sais pas quoi répondre tant l'énervement est visible. Cette fois, la critique est sérieuse.

Désireux de ne pas en rajouter par une mauvaise parole, je me concentre sur ma bière.

-Ben voilà, monsieur a sa bière et bobonne n'a qu'à s'occuper de tout, comme toujours.

Je cherche désespérément quoi répondre et me vois sauver par la sonnerie de l'entrée de la maison. Après un coup d'oeil à travers le judas, Isabelle ouvre à Hélène, notre voisine et amie d'enfance. Elle a vu passer la voiture arriver et vient nous ramener les clés que nous avions confiés à cette voisine vigilante et attentionnée.

-Alors les amoureux, vous avez passé de bonnes vacances? demande-t-elle joyeusement avant de remarquer l'ambiance tendue et de rajouter timidement, peut-être que je ferais mieux de repasser plus tard.

-Non, lui répond Isabelle, tu es la bienvenue. J'étais juste en train de faire une mise au point avec mon fainéant de mari.

-Comme tu y vas, tu abuses ma belle. Tu as le meilleur des maris possible.

-Merci Hélène.

Je lui suis reconnaissante de prendre ma défense.

-On ne t'a rien demandé à toi, m'interrompt Isa alors que je vais pour prendre part à la discussion. Vas faire ta part de boulot et après, tu pourras parler.

-Pourquoi? C'est déjà moi qui a vidé la voiture pendant que tu te prélassais dans la baignoire.

-Je te supporte depuis des années sans rien dire. Tu pourrais montrer un peu de reconnaissance du travail que je fais à rester avec un incapable.

Elle part en trombe en direction de la chambre et rajoute en claquant la porte.

-On en reparlera le jour où tu seras un homme, UN VRAI!!!

La guerre froide.

Hélène me regarde sans savoir quoi dire. Je sens qu'elle veut parler mais sa petite bouche reste ouverte dans un silence que seuls ses grands yeux bleus troublent. J'ai beau retenir mes émotions; la pitié que je lis dans son regard me fait fondre. Ce sont vite des petites larmes qui glissent sur mes joues. Lentement, ma tête suit ses larmes vers le bas pour inconsciemment me laisser le regard bloqué sur mon entrejambe que je maudis d'être si petit. Prostré ainsi, ce sont les grands yeux d'Hélène qui me sortent de ma torpeur. Toute de douceur, elle me caresse les joues avec le bout de sa manche de veste et me rassure gentiment.

-Ne t'inquiètes pas, elle est juste un peu énervée. Je vais lui demander pour sortir boire un verre avec moi et elle va revenir à de meilleures idées. Tu sais, nous les femmes, on peut avoir des sautes d'humeur des fois. C'est notre nature. Ce qu'on va faire, c'est que je l'emmène pour la ramener à la raison pendant que tu lui montre ta bonne volonté en faisant un peu de ménage.

-Tu as sans doute raison, et ça m'occupera l'esprit. Si tu savais.

-Si je savais quoi?

Je n'ai pas le temps de répondre que nous sommes interrompus par Isabelle. De nouveau changée, elle est maintenant habillée pour sortir. Un beau pantalon noir, un petit pull blanc au col en « V » avec ses petites bottines noires, rien d'exceptionnel ni d'extravagant.

-Tu viens Hélène, on va boire un verre.

-J'allais justement te le proposer, lui répond la douce blonde en me lançant un clin d'œil tout en se relevant.

Les deux femmes me tournent le dos en m'offrant un dernier coup d'œil sur leurs courbes, magnifiques pour mon épouse mais pas trop désagréables à regarder bien qu'un peu large pour sa copine plus petite.

-à tout à l'heure chérie, lance avec un faux-semblant de gaieté.

Le claquement de la porte d'entrée est la seule réponse que j'ai avant de me coller à la fenêtre pour les voir partir dans la voiture de la voisine. Les feux rouges au bout de la rue, je prends sur moi et décide de me lancer dans un grand nettoyage. C'est une double grande première pour moi. Je vais faire le ménage et en plus, je vais sacrifier un samedi pour ça. Il est presque dix sept heure et je pense avoir environ deux heures avant le retour de mon épouse. J'ai deux heures pour faire cette lessive, et passer un coup rapide sur le sol. L'idéal est que ça brille en sentant fort le produit à son retour.

J'ai déjà vu pour la lessive et remplit le hublot à ras bord avant de la lancer. Cinq minutes, montre en main et elle grogne pour ça. Rien de plus simple, le lavage du sol est un peu plus long mais rien de complexe. J'améliore même la technique en récurant directement, c'est plus rapide et revient au même. Moins d'une heure après, j'ai mis fin à toutes ces tâches simples et ne vois pas la gêne que cela peut être pour elle de faire tout ça. Après tout, elle a le temps. Je finis même par lui préparer un repas léger, à l'aide de fiche cuisine bien sûr, et l'attends de nouveau en position devant la télé avec une bonne bière. Une deuxième suit, puis une troisième à mesure que l'attente se prolonge jusqu'à ce que je me réveille sur le canapé au milieu de la nuit. Les bières vides devant moi, au nombre de sept, j'abandonne le salon pour rejoindre le lit avec l'angoisse de le trouver vide. Mais elle est là, comme toujours et comme toujours elle le sera.

L'esprit ragaillardi par les bières descendues, je plonge sous les draps et vient me coller contre les dos de ma belle. Ses cheveux noirs contre le visage, j'hume son odeur et m'excite tout seul à sentir la chaleur de son corps à travers le vieux t-shirt qu'elle porte pour dormir. Elle dort silencieusement mais je ne peux pas me retenir de troubler son sommeil avec mes mains baladeuses. Mes doigts se glissent vite dans sa culotte pour tripoter son petit bouton comme un vieux pervers. J'appuie mes caresses de petits bisous dans le cou pour enfin avoir le plaisir de la voir se réveiller.

-Tu pues la bière, lâche-moi, dit-elle en écartant mon visage de la main.

-J'ai envie de toi.

Je colle mon sexe tendu contre ses fesses et le frotte avec énergie pour la chauffer.

-Je veux dormir, tu m'emmerdes.

-Juste cinq minutes chérie, lui dis-je en espérant la motiver pour plus longtemps après avoir commencé.

-Cinq minutes, t'as pris du viagra pour penser tenir aussi longtemps.

-Je te promets que je vais te surprendre.

-Vas-y, c'est pas ça qui va me faire perdre une nuit, me répond-elle tout en enlevant sa culotte.

Vite sur le dos, elle écarte les cuisses en grand, salive sur sa main qu'elle passe sur son sexe puis croise ses mains derrière sa tête. Prête à me recevoir, elle ne dit rien et me laisse agir en homme viril.

A genoux entre ses jambes, j'empoigne mon engin que j'expose avec fierté. Je tapote son clito de mon gland pour le laisser descendre de quelques centimètres jusqu'à l'entrée de son corps que je pénètre d'un coup de rein violent. J'attends une réponse à ce soupir de plaisir que je pousse en entrant en elle mais elle reste silencieuse. Elle ne réagit que d'un geste du bras qu'elle tend pour saisir son portable sur la table de nuit. Immobile, je la regarde sans comprendre et finit par agir comme tous les meilleurs baiseurs le conseillent. Si tu veux donner du plaisir, ne penses qu'à ton plaisir. Je la laisse tapoter deux trois coups sur l'écran et commence à la besogner avec le maximum de vigueur possible pour la voir reposer l'objet sur l'oreiller. Elle me laisse la secouer sans mot dire jusqu'à ce que je finisse par me vider en elle. Là, elle reprend le téléphone pendant que je secoue les dernières gouttes de foutre sur son mont de vénus et m'annonce en rigolant.

-C'est bien chéri, deux minutes quarante-six. Presque trois minutes.

-Tu progresses, rajoute-t-elle tout en se levant pour aller nettoyer sa chatte souillée par ma semence.

Je laisse provisoirement de côté ce reproche pour me tourner de mon côté et m'endormir avec le plaisir bien connu du mâle aux couilles vides. Tellement satisfait de mon plaisir assouvi, je ne l'entends pas se recoucher et me rappelle son existence qu'au réveil qu'elle m'offre pour ce dernier dimanche de vacances.

Cette dernière grasse matinée qui se doit d'être consacrée aux petits calins tardifs sous la couette voit cette même couette arrachée pour être remplacée par une montagne de vêtements mouillés sous laquelle je me réveille en sursaut. L'odeur de toutes ces frusques est immonde. Je brasse des bras pour m'en débarrasser et découvre le visage furieux de ma femme. En tenue de sport, elle croise les bras sur sa poitrine et me toise de son regard le plus noir avant de me houspiller.

-Abruti, tu as vu ce que tu as encore fait comme connerie !

Je tente un gentil « bonjour chérie », pour rattraper le coup, mais la mégère continue sur sa lancée avant de m'abandonner avec un « bon à rien » crié du fond du cœur.

Je trie rapidement les vêtements encore trempés pour me rendre compte que ce sont tous ceux que j'avais mis à laver la veille au soir. Au vu de l'humidité coulant encore de tous, sans exception, je constate qu'ils ont bien été lavés mais je n'arrive pas à m'expliquer l'odeur immonde qui s'en dégage. Pourquoi n'ont-ils pas la même bonne odeur que quand c'est Isabelle qui les met à laver ? La machine à laver le linge doit être sexiste, je ne vois que ça.

La solution à l'énigme trouvée, je peux aller prendre mon café et me préparer à une dernière journée consacrée à rien, c'est bien ça, rien et je le fais bien.

C'est en sueur qu'Isabelle revient de ce qui a certainement été un long jogging, pendant que je suis déjà en position sur le canapé. Le départ est dans plus d'une heure, mais je m'échauffe déjà pour ce grand prix de formule 1 que je ne voudrais rater sous aucun prétexte.

-Tu as bien courue chérie ? Pas trop fatiguée ?

-Je vois que tu récupères de tes grands exploits de la nuit.

-Incapable, rajoute-t-elle à voix basse en rentrant dans la salle de bains.

Elle commence gentiment à me taper sur le système avec sa mauvaise humeur, mais je prends sur moi. Je me retiens de n'importe quelle remarque et continue à contempler ce bel écran plat jusqu'à ce qu'elle ressorte de la salle de bain et que je la vois passer dans le couloir entièrement nue avec juste une serviette enroulée sur le sommet de son crâne. Ses beaux seins fermes réveillent toutes mes envies et motivent mon envie de réconciliation (sous la couette de préférence). Je me lève donc pour la rejoindre dans notre chambre où elle va entrer dans quelques secondes.

-Chérie, je crois qu'il faut qu'on parle.

Elle me lance de la chambre un rassurant :

-Tu as raison, il faut qu'on parle.

La partie est à moitié gagnée pour moi, et c'est tout sourire que je vais la rejoindre alors qu'elle ressort dans le couloir en tendant le bras vers l'intérieur de la chambre.

-C'est quoi ça ? Me jette-t-elle avec méchanceté.

-Ben, c'est notre chambre, pourquoi ?

-Et le tas de linge, qu'est ce qu'il fait encore sur le lit pendant que monsieur est paisiblement assis devant sa télé sur son canapé.

-C'est toi qui l'a mis là, et en plus, je ne sais pas où ça se range.

Elle rentre en furie dans la pièce et me jette toutes ces fringues à la gueule. Je ne bouge pas d'un poil, me contente d'écarter les vêtements qui restent sur moi et la laisse passer sa rage. Elle finira bien par s'arrêter.

Ce qu'elle fait quand il n'y a plus de vêtements à jeter et qu'elle empoigne ceux qu'elle va porter dans la journée. Je tente un petit bisou gentil quand elle passe devant moi pour se rendre à la salle de bains, et envoie mes lèvres dans le vide. Elle a détourné la tête une nouvelle fois.

Elle ressort en jean et prête à sortir alors que je suis à quatre pattes en train de ramasser les vêtements épars pour les laver à nouveau.

-C'est bien chéri, tu vas finir par comprendre.

Elle prend son sac à main et sort.

-Je vais chez ma sœur, dit-elle en sortant.

-Tu ne veux pas que je vienne avec toi ?

-Non, j'ai envie de passer un moment agréable. Et tu as ton important grand prix à regarder.

Compris, je la ferme et je fais le ménage une nouvelle fois, avec lessive s'il vous plait.

Le grand prix raté, je peaufine et pousse la conscience jusqu'à faire les poussières pour me faire surprendre le plumeau en main au retour d'Isabelle.

-Quand même, tu t'es enfin décidé à bouger ton cul du canapé.

-Tu as passé une bonne journée ?

-Oui.

-Tu as fait quoi ?

-Rien ne te concernant !

Et sur ces gentilles paroles, elle se lance dans une inspection de la maison pour découvrir avec surprise que même la lessive que j'ai mise à sécher est faite correctement.

-Tu m'épates.

La conversation stoppe pendant qu'elle se met aux fourneaux. Une bonne tartiflette nous remet dans l'ambiance locale de notre petite montagne après ces vacances agrémentées de plats légers sous les fortes chaleurs méridionales.

-C'était vraiment très bon.

Je ne peux que laisser un compliment bien pensée pour ce repas préparé par une Isabelle en passe de redevenir de meilleure humeur à mon égard.

-Alors ma part du travail étant bien faite, tu peux t'occuper de la vaisselle.

Elle m'a bien eu, mais que répondre pour éviter de m'y mettre. Si je veux pouvoir baiser ce soir, c'est vaisselle ou ceinture. Donc ce sera vaisselle, je suis un homme avec des besoins naturels d'homme.

Visiblement ravie de la perfection de mon travail, j'ai le plaisir de recevoir un baiser gentil de sa part pendant que je passe le reste de la soirée sur l'ordinateur à préparer ma reprise du travail. Je trie, classe et prépare mes dossiers sans arrêt pendant que du salon me parvient en tir continu la sonnerie des messages du portable d'Isabelle. Même sans parler, il faut toujours que ces femmes trouvent un moyen pour discuter. Téléphone, sms, facebook, tout y passe pour commérer. Les sonneries se déplacent au long de la soirée pour finir dans la chambre où je retrouve ma belle en pleine lecture. Un livre à la main, le téléphone sur le côté, elle alterne entre lecture et sms au rythme des sonneries de réception des messages.

-Qui t'écrit autant ?

-Un peu tout le monde, rien d'important.

Sachant que je n'aurai jamais de réponse valable, je me glisse sous la couette et commence à la taquiner d'une main baladeuse tout en lui caressant les cheveux de l'autre. Réceptive, elle pose son livre et tend la main jusqu'au tiroir de la table de nuit dans laquelle elle saisit quelque chose qu'elle me présente à hauteur des yeux.

-D'accord, mais tu mets ça.

Stupéfait, je regarde le préservatif qu'elle m'exhibe.

-Mais on n'en a pas besoin depuis le temps qu'on est ensemble.

-Ce n'est pas toi qui dois toujours sortir du lit pour te vider et te nettoyer. J'en ai marre de devoir quitter la couette alors c'est ça ou rien.

J'empoigne le sachet rond avec hésitation et le met de côté avant de me glisser entre les cuisses de ma belle. Mais elle les resserre avec assez de force pour m'empêcher de réussir à retirer la jolie culotte rose qu'elle porte.

-Tu mets la capote ou c'est branlette.

Résigné, je me retire d'entre ses jambes pour empoigner ce sachet que je regarde avec mépris. Près à m'endormir les couilles pleines pour ne pas avoir à subir cette humiliation, je jette un dernier coup d'œil à ma femme. Ses longues jambes découvertes sous son buste aux seins fermes sur lesquels repose le bas du livre qu'elle continue sans se soucier du terrible dilemme auquel je suis confronté. Du bout des doigts, je caresse sa petite toison à travers le tissu de la culotte et comprend qu'enlever mon foutre de tous ses petits poils doit être une vraie corvée pour elle. Donc pour que ça reste aussi un plaisir pour elle, je déballe le bout de plastique et l'observe un moment.

-Ne t'inquiètes pas pour la taille, j'y ai pensé. C'est la plus petite du marché. Ça va t'aller comme un gant.

Sans même quitter le livre des yeux, elle a presque réussi à me démotiver. Elle fait la fière mais elle va prendre dans moins d'une minute. Ou plutôt six tant je me révèle médiocre à enfiler ce bout de plastique gluant qui me file à deux reprises entre les doigts en provoquant les rires d'Isabelle qui lâche enfin son livre pour profiter du spectacle comique que je suis en train de lui offrir gratuitement. Elle rit de moi, mais au moins elle rit, ça change.

Elle avait raison pour la taille, c'est moche mais une fois enfilé, on pourrait croire que j'ai servi de modèle pour cette miniature. Ma seconde peau maintenant en place, modèle « S » mais ne me serre pas autant que je l'aurais cru, je retourne entre les jambes de ma belle pour accomplir mon devoir conjugal. La culotte est encore là, mais je ne l'enlève pas entièrement. Je relève ses jambes contre moi, relève le bout de tissu et me plante en elle. Sensible à ma vigueur, Isabelle laisse tomber son livre sur son ventre. Sans bruit, elle encaisse mes coups de reins sans la moindre gêne.

La chaleur de ses cuisses collées contre mon ventre compense le manque de sensation dû au latex et j'en arrive à vite remplir le capuchon de plastique. Au râle que je lance en jouissant, ma femme répond par le geste de faire redescendre sa culotte en place.

Je me laisse retomber sur mon côté du lit et enlève la capote que je jette négligemment au bas du lit.

-Vas jeter ton machin à la poubelle. Tu ne veux pas qu'on dorme dans un bordel.

En accord avec sa logique, je vais jeter le résidu de mon plaisir pour revenir me couche auprès de ma belle de nouveau active sur son portable.

-A qui peux-tu encore écrire ?

-Ne t'en fais pas, je ne parle pas de tes exploits. Bonne nuit.

Elle repose l'engin et se retourne en esquivant le baiser que j'essaie de lui donner.

Premiers changements.

Le retour au travail et à sa routine est à l'ordre du jour ce lundi où, du fait de nos horaires respectifs, je ne vois pas ma femme avant la fin de la journée, comme tous les autres jours de la semaine quand nous travaillons. Elle part une heure avant moi et je ne vais quand même pas me réveiller juste pour lui faire un petit bisou, ce n'est plus une enfant. Je la revois donc normalement chaque soir quand je rentre à la maison pour la trouver en plein ménage ou en pleine cuisine, telle une épouse parfaite. Cette routine revit jusqu'au milieu de la semaine.

Le mercredi suivant notre retour, je ne la verrais revenir à la maison qu'une fois passée l'heure du repas que j'ai dû prendre avec une boite de surgelé pour seule compagnie. Un peu déçu mais heureux de la voir arrivée changée comme elle l'est. Son visage est mis en valeur comme jamais je ne l'avais vu avec la nouvelle coupe de cheveux pour laquelle elle a craquée. Pour la première fois de sa vie, elle s'est laissée tentée par une coupe garçonne. Son cou fin est révélé par la faible longueur de cheveux noirs qui rendent encore plus visible la fermeté de sa douce peau blanche autour de ses grands yeux noirs.

-Tu es magnifique !

Je ne peux m'empêcher de la complimenter sur sa beauté rehaussée et tente de la motiver pour un petit câlin crapuleux directement sur le canapé, mais un mal de tête la retient malgré sa joie exprimée de recevoir des compliments de son petit mari.

Dommage pour moi, mais ce n'est que partie remise et je remplace vite la cession de remplissage de capote par des petits pornos sur le net pendant que madame joue avec son smartphone en attendant que je la rejoigne.

Plusieurs semaines s'écoulent sur ce même rythme platonique jusqu'à ce qu'elle se décide enfin à lutter contre cette migraine en employant le meilleur remède que tout homme peut conseiller à sa femme : du sexe. Du sexe sauvage.

Quelques passages sur des forums et des discussions avec des connaisseurs du sexe faible (si c'était vraiment possible) et j'ai trouvé la solution. Je dois juste la prendre comme un homme doit prendre sa femme. Je dois lui montrer que je suis le chef dans notre couple.

Espérant encore un changement dans son attitude, j'espère encore un peu et me force à aller contre ma nature le vendredi soir. C'est le meilleur soir pour lui rappeler que le chef, c'est moi.

Comme un jour normal, je rentre du travail après elle. Sa voiture est encore dans l'allée mais elle n'est ni occupée à la cuisine ni à aucune autre tâche ménagère. Elle est sous la douche dont j'entends l'eau couler depuis le couloir. Je laisse tomber mes vêtements sur le sol. J'ouvre la porte lentement pour pénétrer le plus discrètement possible dans la pièce.

Le corps d'isabelle transparait au milieu de la buée à travers la paroi humide de la cabine de douche. Face au mur, c'est son dos qu'elle m'offre à la vue et le visage levé sous le jet, elle n'entend pas la porte coulissée. Déjà tout excité par la vue de sa peau nue, la chaleur et l'humidité de la petite cabine transforme vite cette excitation en un désir de rut quasi animal. Après avoir dû faire ceinture pendant aussi longtemps, je n'en peux plus et c'est une tige dure comme du métal que je place contre ses fesses qu'elles retirent instinctivement pour se coller dos contre le mur en me balançant des coups de ses petits poings jusqu'à ce qu'elle me reconnaisse.

-Mais tu es malade, j'ai cru que c'était un cambrioleur ou je ne sais quel pervers qui voulait me violer.

-Mais je voulais juste te faire une bonne surprise.

Je bégaye sans aucune conviction et ne la convainc pas non plus, vu ses yeux débordant de rage.

-Taré, tu aurais pu prévenir.

-Maintenant que tu m'as reconnu, on peut reprendre.

-Malade, laisse-moi tranquille.

Et de ses petites mains, elle m'éjecte de la douche comme un malpropre. Face à elle, je me retrouve nu, les bras écartés, prêt à contester cette attitude, mais la porte coulisse avec assez de force pour faire trembler toute la structure quand Isabelle la claque devant moi. Résigné, je me résous à cette nouvelle condamnation à prendre mon pied manuellement devant l'écran de mon ordinateur. J'allume et laisse mon esprit tourner au même rythme que le disque dur qui charge. Les images de cette petite échauffourée sous la douche sont floues, mais il manquait quelque chose à ma femme. Impossible de mettre un nom sur ce manque ou ce changement, mais il était là.

-J'ai fini, tu peux aller prendre ta douche maintenant ! Me crie ma femme.

Je ne réponds pas et ouvre un dossier ayant un rapport avec le travail pour masquer ma sombre navigation à ma belle dont j'entends les pas se rapprocher dans le couloir. L'air totalement absorbé par le dossier important affiché sur l'écran, je fais mine de sursauter quand la porte s'ouvre sur mon épouse.

-Tu pourrais frapper !

-Parce que toi, tu as frappé pendant que je me douchais. Et pourquoi je frapperais, tu as peur que je te surprenne en train de te branler.

-Comment oses-tu ? Je travaille, tu vois. Et que fais-tu habillée comme ça ?

-C'est ça, tu travailles. Tu travailles du poignet, c'est tout ce que tu sais faire. Enfin on s'en fout, je voulais juste te dire que je vais retrouver Hélène et ses deux apprenties. On se fait un restaurant et après on va peut-être aller boire un verre en ville.

-Mais, et moi ?

-Quoi, et toi ?

-Ben, qu'est-ce que je fais ce soir ? Je pensais passer un peu de temps avec toi.

-Je ne suis pas ta mère. Tu peux bien te passer de moi pendant quelques heures. Je vais passer un moment entre femmes, je ne déménage pas. A tout à l'heure !

Une nouvelle porte claque devant mon nez quand je me lève pour lui donner un petit baiser.

-Bonne soirée ma chérie, dis-je au bois de la porte close qui oublie de me répondre.

Vexé, je vais pour l'arrêter avant sa sortie mais c'est par la fenêtre que je la vois quitter notre cour pour entrer chez la voisine. Immobile derrière le rideau, c'est avec une drôle de sensation que je la vois ressortir avec son amie pour partir avec la voiture de celle-ci. Ce ne sont plus les deux quarantenaires que je connais qui s'en vont mais deux gamines en chasse que j'ai l'impression de voir partir.

Perchée sur ses beaux petits talons, ma femme en robe et collants noirs est plus que désirable et mise en valeur par la beauté relative de sa copine habillée dans le même style, mais comme toujours, dévalorisée par ses larges hanches.

J'hésite à sortir pour faire semblant de les croiser par hasard mais c'est un coup à provoquer une nouvelle engueulade, aussi je me rabats sur une soirée qui va alterner entre pornos sur internet et bière devant la télé jusqu'au retour des deux adolescentes attardées.

Les feux rouges disparus au coin de la rue, je retourne me poser devant l'ordinateur pour une séance de branlette comme m'a dit mon épouse. Après avoir visionné plusieurs vignettes, je jette mon dévolu sur une scène de triolisme sur un bateau, comme j'ai eu le plaisir-malheur de le vivre peu de temps avant. L'actrice n'a pas la beauté de ma femme mais elle a le don de me faire comprendre ce qui lui manquait sous la douche. L'actrice a le sexe totalement lisse et là je réalise que ma femme s'est aussi épilée le minou comme elle. Après des années passées à la harceler pour qu'elle se fasse une chatte toute lisse, elle l'a enfin fait une fois qu'elle s'est mise à me refuser tout plaisir charnel. Je regarde de nouveau le porno défilé sur l'écran et je m'en veux de ce fantasme réalisé. C'est depuis ce moment que je suis comme un gland à espérer la retrouver tel que je l'ai épousée.

Une dure réalité.

Toujours devant la télé malgré l'heure tardive, je somnole à demi quand la voiture d'Hélène se fait entendre sur les graviers de son allée. Un œil sur l'horloge m'annonce qu'il est déjà deux heures du matin, aussi c'est avec un peu d'empressement que j'attends de la voir rentrer pour pouvoir aller rejoindre mon lit. La porte s'ouvre enfin sur ma femme qui titube grandement. Les talons de ses souliers à la main, elle s'appuie sur les murs pour avancer. Jamais, non jamais, je ne l'ai vu dans cet état. Je ferme la porte derrière elle avant de la soutenir pour la guider jusqu'au lit.

-Et c'est toi qui me faisais la morale pour les bières que je prends devant la télé. Tu te fous vraiment de ma gueule.

-CHHHHUUUUT, faut pas le dire.

Elle est carrément bourrée et me dégouterait presque si je ne la connaissais pas. Son poids mort retombe lourdement sur le lit. Totalement inerte, les bras posés le long de son corps, elle s'endort rapidement sur le ventre.

Avant de me coucher, je lui pose un petit bisou dans le cou, comme tout bon mari est sensé le faire. Le contact de mes lèvres sur sa peau douce réveille ma libido et j'oublie toute bienséance pour profiter de la situation. Dans son état, elle ne pourra pas s'opposer à mon besoin d'assouvir mon devoir d'époux, et depuis le temps qu'elle se refuse à moi, ce sera normal que je récupère mes droits sur ce qui m'est dû. Le caleçon en bas des pattes, je me colle contre elle et vais pour lui retirer son collant.

Mes mains montent le long de ses cuisses pour saisir l'élastique qui tient le morceau de lycra. Passées sous le bas de la jupe, mes mains ont la plaisante surprise de se retrouver à ne plus caresser un tissu doux mais une peau lisse et chaude. Je relève la jupe d'un seul mouvement pour découvrir qu'elle avait mis des bas pour sortir. Interdit à la vue de ce joli paysage, je savoure la beauté de ses fesses fermes que les bas laissent ressortir merveilleusement au-dessus du pli fait par le bas de son postérieur entre ces bas et le dessus du string ultrafin qu'elle porte ce soir. Un string et des bas, deux nouvelles choses à rajouter à la liste des nouveautés de sa part.

Cette nouvelle fantaisie me gêne mais voir ses fesses ainsi offerte me font oublier toute gêne. Je caresse et embrasse à pleine bouche chaque fesse avant de retirer le mini-string qui se cache entre les deux belles collines bien fermes. Un grognement de ma femme me fait ralentir le geste quand je commence à tirer la ficelle des deux mains, mais le manque d'autre réaction me fait réaliser que c'est plus une manifestation d'ivresse qu'une réelle contestation. Je retire donc son string jusqu'à ce qu'il soit au niveau de ses genoux et vais pour lubrifier de deux trois coups de langues pour préparer le terrain. Le nez collé contre son cul, je vais pour sortir ma langue quand une odeur étrange me prend les narines. Je connais l'odeur mais n'arrive pas à m'être un nom dessus, et intrigué, je me redresse en humant de plus en plus fort jusqu'à enfin comprendre.

Grâce à mes yeux, je comprends et identifies de suite l'odeur âcre qui m'a saisi. Pour confirmer mon hypothèse, je plonge un doigt inquiet dans son sexe qui est étonnamment déjà bien lubrifié et se laisse pénétrer de mon index sans la moindre réticence. Le doigt ressort entouré d'une substance blanche que je porte à mon nez pour confirmation bien que je sache déjà que c'est du sperme qui remplit son corps. Je vais pour m'essuyer sur le drap mais vérifie une nouvelle fois à l'intérieur de son string pour y découvrir, sans surprise, que le tissu est bien tâché par la même substance immonde.

Alors que je suis obligé de porter une capote les rares jours où elle n'a pas la migraine, elle s'offre sans protection à je ne sais quel inconnu. « La salope » s'est bien foutue de ma gueule. Replié sur le lit, je regarde son sexe souillé avec une colère qui retombe vite en pensant au bien que je sais trouver dedans. Je laisse tomber l'idée d'une vengeance immédiate et reviens vite à ma première idée de profiter de son état d'ébriété. Je saute dessus pour la prendre mais, au moment fatidique, l'idée de tremper mon pinceau dans la peinture d'un autre me retient. Je fouille donc le tiroir de sa table de nuit pour en extraire une capote qui finit vite au bout de mon outil.

Protégé de toutes les maladies que ma femme peut maintenant être amenée à transmettre, je la fourre avec rage. Les insultes fusent hors de ma bouche mais seuls des grognements répondent à ces constats de la morale disparue de celle qui était, parait-il, ma femme fidèle. Je la baise comme un vrai animal avant de retomber sur son côté.

Près d'elle, je coupe la lumière et regarde sa silhouette se détacher dans l'ombre de la nuit. Partagé entre l'envie de la frapper violemment et celle de la prendre, chose impossible pour moi après tant d'effort, je perds toute motivation à faire quoique ce soit et vais tenter de finir cette nuit sans sommeil sur le canapé. Avec une vieille couverture sur le dos, je tourne, tourne et retourne la situation en tous sens sans vraiment savoir quoi faire. Le sommeil ne réussit à me gagner que grâce à la fatigue lorsque le jour commence à percer par les fentes des volets.

Au pied du mur.

Réveillé par la télévision à la fin de la matinée, je n'ai pas le temps de prendre pied dans la réalité que je me fais attaquer violemment par Isabelle. Assise sur le fauteuil de droite, elle a sa tête des mauvais jours, ce qui se comprend vu la cuite qu'elle a ramenée. Assise en tailleur avec sa tasse de thé noir à la main, elle accueille mon réveil avec une vivacité jamais vue.

-Enfin, monsieur le pervers est réveillé.

J'assimile à moitié ce qu'elle dit et attend d'être pleinement réveillé avant toute réponse. Toujours nu, je m'assieds lentement et la regarde sans comprendre, mais toujours admiratif de sa beauté. Même énervée, elle reste belle, surtout avec une simple nuisette qui me dévoile son entrejambe quand elle est assise en tailleur comme en ce moment.

-C'est quoi ça ??

Elle me jette au visage la capote que j'ai utilisée cette nuit.

-Une capote.

Je réponds bêtement. Elle connait la réponse.

-Une capote et mon string sur les genoux, ce que tu as fait cette nuit, c'est un viol. Personne ne baise une femme sans qu'elle soit consentante, même si c'est le mari.

-Et c'était quoi tout le sperme qui coulait de ta chatte quand tu es rentré ?

Là, je suis sûr d'avoir marqué des points, elle ne peut rien répondre pour contredire l'accusation plus que justifiée.

-J'étais ivre et si tu étais un homme, je n'aurais jamais eu besoin d'aller voir ailleurs. C'est toi qui m'a fait découvrir que les vrais hommes pouvaient me faire prendre mon pied.

-Mais ....

Elle se lève et vient se planter debout devant moi, les bras croisés sur la poitrine.

-Quoi mais ? C'est toi qui a insisté pour que j'essaie. J'ai essayé et ça m'a plu. Même à toi ça t'a plu. Et ça te plait encore de penser à ta petite femme avec des hommes des vrais !!!

-Mais je suis un homme.

-Un homme ne s'agenouille pas devant un autre en lui disant allez-y, pour qu'il prenne sa femme.

-C'était pour toi que j'ai fait ça. Tu avais l'air d'aimer.

-Bien sûr que j'ai aimé, c'est la première fois que je sentais un vrai mâle en moi.

Sentant l'affaire mal engagée, je tente le va-tout et me laisse tomber sur les genoux.

-Mais je t'aime chérie. Je veux ton bonheur, moi.

J'enserre ses jambes entre mes bras pour la garder auprès de moi, mais elle se retire en me lançant.

-Si tu veux vraiment mon bonheur, laisse-moi vivre ma vie. Tu m'as privé de plaisir pendant des années. Tu m'as fait croire que les hommes étaient tous comme toi. Si tu veux que je te pardonne toutes ces années volées, tu dois me laisser enfin profiter de mon corps.

Maintenant allongé sur le ventre après avoir vainement tenté de retenir ses jambes contre moi, je la supplie.

-Mais moi, je deviens quoi dans cette vie.

-Ne t'en fais pas pour ta petite bite, je te laisserai jouer avec si je suis satisfaite de toi.

-Mais tu es ma femme.

-C'est ça ou on se fait un joli divorce.

Sur ces mots, elle me laisse continuer à ramper sur le sol et va se cacher dans la chambre où elle s'enferme plus d'une heure. Toujours nu, je suis encore sur le sol, assis contre le canapé quand elle ressort de la chambre. Entièrement habillée en jean, elle me jette un regard méprisant tout en enfilant sa paire de bottes noires.

-Tu vas où ?

-Vivre, répond-elle d'une voix forte en claquant la porte derrière elle.

Oups, je me mets à penser que l'affaire devient vraiment très mal engager pour moi pendant que je l'observe pendant qu'elle guette l'horizon depuis l'entrée de la cour. De derrière la vitre de la fenêtre, je la vois soudain faire de grand geste alors qu'une moto ralentit pour s'arrêter à sa hauteur. Une belle BMW noire que j'ai l'impression d'avoir déjà vu quelque part, mais je laisse cette interrogation de côté, elles se ressemblent toutes. Le pilote de l'engin relève le devant de son casque pour saluer ma femme. Elle passe ses bras autour des épaules du motard, dépose un long baiser sur ses lèvres avant d'enfiler le casque que lui tend l'homme. Il l'aide à l'attacher et elle monte derrière cet homme autour duquel elle passe les bras pendant qu'il lui donne une tape sur la cuisse avant de partir en trombe. Elle ne le lâche d'un bras que pour donner un petit coucou de la main à Hélène que je peux voir dans sa cour avec un énorme sourire quand elle lui répond de la main. Mon sang ne fait qu'un tour, j'enfile vite un pantalon et un pull pour aller parler avec Hélène. C'est la meilleure amie d'Isabelle depuis l'enfance, elle saura me dire quoi faire pour que les choses se passent au mieux et elle saura me conseiller sans juger.

Terrible vérité.

-Hélène, je crie alors qu'elle est déjà prête à partir sur son vélo.

-Tiens, j'étais certaine que tu finirais par venir me harceler de questions. Qu'est-ce que je peux pour toi ?

-J'ai besoin de te parler d'Isabelle, elle est étrange en ce moment. J'ai peur de la perdre.

-Je n'ai pas le temps de bavarder, je suis attendue. Je peux juste te dire que tu ne la perdras pas si tu la laisses faire. Elle vient de découvrir les plaisirs du sexe après toute une vie passée dans l'ignorance. Elle veut connaitre ce plaisir à fond, c'est logique.

-Mais moi, qu'est-ce que je deviens ?

-Contente-toi de l'accompagner dans sa recherche du plaisir. Je la connais, elle t'aimera toujours. C'est juste la nature qui fait son œuvre, n'aies aucune crainte, je la connais et je peux te dire que tu resteras l'homme de sa vie. Prends sur toi et laisses le temps agir.

-Oui mais......

-Je dois y aller, mais crois-moi. Tu dois juste la laisser faire.

Je veux en savoir plus sur quoi faire et comment faire, mais elle a l'air vraiment pressée et me laisse bêtement au milieu de la cour de sa maison. Perdu, le regard dans le vide, je retourne me blottir contre mon canapé pour une overdose de série américaine. Le cerveau vidé par tous les scénarios creux qui défilent, je me réveille au milieu de la nuit sans même m'être aperçu que je m'étais endormi.

Trois heures du matin déjà et je n'ai rien fait de toute cette journée. Il est plus que temps de continuer sur cette lancée en prolongeant cette longue sieste par une bonne nuit de sommeil. Silencieusement, je me faufile dans la chambre sans allumer la lumière pour ne pas troubler le réveil de ma belle endormie. Tout aussi discrètement, je me glisse sous les draps pour me rendre compte que ce lit accueillant est spacieux parce qu'il est vide. Bras tendu, je tate de la main son côté de lit pour constater ce vide que j'ai déjà pu voir. La triste réalité me saute aux yeux.

Elle n'est pas rentrée. Ont-ils eu un accident ou un problème avec cette moto de malheur ? Cette hypothèse me fait mal, mais je n'arrive pas à accepter l'idée de l'autre raison possible de cette absence. Je n'ose me faire à l'idée qu'elle soit sous les draps d'un autre lit dans une autre maison avec un autre homme, c'est simplement impossible. Elle va rentrer, peut-être très tard, mais elle ne peut que rentrer.

J'ai beau forcer cette pensée en moi, la méthode cauet ne fonctionne pas. L'idée de son retour à la maison est immédiatement remplacée par les images de son corps dans les bras d'un autre, l'image de son corps prise par un autre. C'est douloureux mais chaque fois que l'une de ses images revient en moi, c'est instantanément par une érection que mon corps réagit quand mon esprit souffre. Qu'elle était belle sous les coups de reins de ce jeune amant. Cette image m'obsède et je la trouve encore plus désirable que lorsque c'est moi qui la prends laborieusement sur cet oreiller vide. Honteux mais excité comme jamais, je me vide par trois fois sur les draps avant de m'endormir profondément.

Je me réveille en début d'après-midi dans une maison toujours aussi vide. Encore allumée depuis la veille, seule la télé me tient compagnie jusqu'au début de soirée. Enfin la moto revient s'arrêter devant la maison pour déposer ma femme. De la fenêtre, je peux la voir se comporter comme une ado de retour de sa première sortie derrière une mobylette (désolé pour la jeune génération, mais on n'avait pas de scooter de mon temps). Les mains croisées autour du cou du motard, elle le laisse détacher le casque qu'il repose au guidon avant de la gratifier d'un long baiser tout en lui tripotant les fesses d'une main. J'ai envie de sortir faire le mari jaloux mais le conseil d'Hélène me semble meilleur. Il vaut mieux que je rentre dans son jeu, aussi je mets de l'eau à chauffer pendant qu'elle termine cet interminable au revoir avec le Don Juan du dimanche.

Dans la cuisine quand elle rentre enfin après un long démarrage bruyant du frimeur à moto, je mets la dernière touche à une belle présentation pour le thé noir que je lui apporte. Petit plateau, tasse et soucoupe, j'ai sorti le grand jeu. En train d'enlever ses bottes, elle est assise sur le canapé quand je la rejoins avec mon petit plateau et mes bonnes intentions.

-Tu as passé un bon week-end ma chérie ?

Elle redresse la tête vers moi avec un air totalement incrédule. Je réalise soudain qu'en plus de l'effort sur la présentation du thé, j'aurais pu penser à autre chose que mon vieux survêtement pour la recevoir, mais elle connait cette tenue et l'intention est le plus important.

Bouche grande ouverte, elle reste sans voix et je romps le silence pour elle en posant délicatement la soucoupe sur la table basse.

-Je t'ai préparé un petit thé juste comme tu l'aimes.

La tasse déposée, elle arrête mon mouvement alors que je me redresse. Et ses mains posées sur mes joues, elle tourne ma tête vers elle. Courbé, je me laisse d'instinct posé sur les genoux pour garder mes yeux au niveau des siens. Sa main droite caresse ma joue affectueusement pendant que mon regard se noie dans ses yeux.

-Pourquoi ? Me demande-t-elle.

-Pourquoi quoi ?

-Pourquoi cette attention aujourd'hui après ce que je viens de faire ?

-Je voulais juste te faire plaisir.

-As-tu compris que tu es officiellement devenu un cocu.

-Ben oui.

-Donc toi, je te trompe ouvertement et tu me sers un thé en me demandant si je me suis bien amusé. Je veux comprendre pourquoi.

-Parce que je t'aime et que je veux ton bonheur.

Elle me dévisage sans vraiment croire ce qu'elle vient d'entendre et stoppe cet instant par un petit bisou sur le coin de mes lèvres.

-Alors continues sur ta lancée et va me faire couler un bain. J'en ai bien besoin.

Je ne cesse de toucher le coin de mes lèvres en mettant l'eau à couler dans la baignoire. Enfin, j'ai reçu une marque d'affection de sa part. Cocu peut-être, mais au moins je reste en son cœur et le resterai même une fois que le démon de midi l'aura quitté. Ils ont son corps mais son cœur reste mien. La baignoire presque pleine, je vais la prévenir avec le sourire et apprécie l'honneur qu'elle me fait en me laissant la déshabiller pour son bain. C'est un réel plaisir de voir sa peau apparaitre centimètre après centimètre grace à mes propres mains.

Je craque en lui descendant son string et ose baiser chacune de ses lèvres avec enthousiasme.

-Petit coquin, lâche-t-elle dans un énorme sourire.

Et elle se laisse glisser dans l'eau chaude avec un soupir de contentement. Sans rien demander, je me saisis d'un gant et commence à lui frotter le dos avec douceur, et elle se met à me parler avec encore plus de douceur.

-Tu es sûr que ça ne te gêne pas ?

-Quoi ?

Je feins de ne pas avoir compris et attend la suite avec désir. Maintenant, j'ai envie de l'entendre le dire.

-D'être cocu, me répond-elle sèchement.

-Tu as des besoins, je le comprends. Tout ce que je demande, c'est de rester le seul dans ton cœur.

Je pose ma main sur sa poitrine pour souligner mon propos et ai la belle surprise de sentir sa main passer derrière ma nuque pour attirer ma bouche vers la sienne. Un doux baiser me récompense de ma bonté. Ce ne peut être que de l'amour que je sens dans l'active chaleur de sa langue aventureuse.

-Tu es vraiment le meilleur des maris possibles.

-Merci chérie.

Elle poursuit :

-Je veux que tu me répondes franchement à la question que j'ai à te poser.

-Bien sûr, tu sais que je n'arrive pas à te mentir.

-Alors sois encore honnête. Tu n'as pas été trop gêné de me voir partir avec François hier après-midi ?

Au moins maintenant, je connais le nom de l'amant bien que je m'en foute et je peux lui répondre avec la plus grande honnêteté.

-Non, ce qui m'a dérangé, c'est que tu ne m'aies pas prévenu que tu découchais. J'ai passé la nuit à me morfondre dans la peur que vous ayez eu un accident.

Elle tourne la tête pour plonger ses yeux dans les miens. Surprise de ma réponse, elle me fait répéter pour me féliciter une nouvelle fois. Elle s'agenouille et me fait lever du rebord de la baignoire pour me dévêtir. Le bas retiré par ses soins, je jette mon t-shirt sur le sol et me laisse guider.

-Viens contre moi. Tu le mérites vraiment, mon gentil petit cocu.

De sa main, elle me fait m'asseoir entre ses jambes, le dos contre ses seins fermes. Ses tétons pointent contre ma peau et provoquent la même réaction à ma tige érigé vers la surface de l'eau. Par réflexe, je porte la main sur mon sexe, mais elle m'en empêche en plaquant ses longs doigts sur mes parties.

-Pose tes mains sur les bords de la baignoire, et garde les bien plaquées dessus. Je veux que tu me laisses faire.

-Bien sûr, lui réponds-je tout excité par ce moment attendu depuis si longtemps.

Ses mains ne bougent pas de dessus mon sexe pendant de longues minutes. Je me retiens de laisser partir mes mains entre mes jambes pour relancer cette érection que je sens disparaitre doucement jusqu'à extinction totale de mon membre maintenant flottant au gré de l'eau. C'est le moment choisi par Isabelle pour commencer le petit jeu qu'elle m'a annoncé.

Ses lèvres glissent le long de mon cou en y laissant de petits baisers.

-Tu aimes, commence enfin ma douce.

Je n'ai pas le temps de répondre qu'elle continue.

-Dis-moi, tu aimes savoir que d'autres hommes peuvent être à ta place, coincé entre mes cuisses.

-Oui, j'ai...

-Chut ! Je n'ai pas besoin de t'entendre, je sens tes réponses. Je sens si elles sont vraies. Ta petite bite est un vrai détecteur de mensonge.

Je réalise qu'elle a raison quand je me rends compte que le sang commence à affluer à gros débit dans mon extrémité qui se gonfle au rythme de mon cœur. Même cette insulte à propos de mon sexe inadapté m'excite plus encore que la chaleur de ses seins dans mon dos ou la force douce de ses cuisses collées contre mes hanches.

-Tu aimerais que je te raconte ce que j'ai fait de mon week-end ?

-Oui.

-Tais-toi, je le sens à tes tremblements que tu crèves d'envie de savoir. De savoir comment, après un arrêt sur un parking il m'a trainé dans la forêt à l'abri des regards. Comment il m'a fait m'agenouillé devant lui pour me dévoiler son sexe énorme que j'ai pris en bouche sans hésiter avec une seule pensée en tête.

-Quelle pensée ?

J'ai la voix qui chevrote en l'interrompant. Elle ne me fait pas taire et continue d'une voix de plus en plus faible. Ses lèvres ne s'expriment plus que par un souffle chaud posé directement dans le creux de mon oreille.

-Je ne pensais qu'au moment où cette bite énorme allait me prendre. Et il l'a fait. Le sexe dégoulinant de ma salive, il m'a redressée, m'a collé le ventre contre l'arbre le plus proche et sans descendre mon jean plus bas que mes cuisses, m'a littéralement empalée. J'ai crié tant c'était une découverte pour moi de me sentir écartelé par un monstre de chair. Rien à voir avec ta mini bite. Là, c'était un étalon, un animal que j'avais en moi. Il m'a …..

Là, je commence à vibrer intérieurement. Je donne en trois spasmes les petits coups de reins qui accompagnent chaque jouissance et je me laisse aller en un petit flot de bonheur au fond de l'eau. Isabelle explose de rire quand je jouis. Elle sort ses mains de l'eau, les passe à hauteur de mes yeux et les examine aussi pour y découvrir un filament de ma semence épaissie par l'eau encore chaude.

-Tu es encore plus précoce que quand tu essaies de baiser. Tu me surprendras toujours.

Mon plaisir pris, j'ai moins de plaisir à encaisser la critique aussi je baisse la tête, et le dos rond, attend qu'elle ait fini de rire de mes piètres compétences en matière de sexe.

Isabelle se lève sans la moindre douceur et après avoir essuyé ses mains dans l'eau du bain, elle rentre dans la cabine de douche pour se débarrasser de toute la semence épaisse que l'eau aurait pu laisser coller à son corps. Je n'ai pas autant de scrupule et promène mes mains entre les fils blancs pour caresser mon sexe devant le spectacle de ma sirène au sortir de la douche. Elle est la plus belle femme du monde. Je l'ai toujours pensé, le pense et le penserai jusqu'au bout. Jusqu'à ce que la mort vous sépare avait dit le vieux curé.

Elle enfile une simple culotte, son vieux t-shirt et me laisse à mes rêveries tout seul dans cette baignoire devenue froide d'un seul coup. Elle est je ne sais où, mais je m'en fous, elle s'est montrée douce et caressante comme au premier jour. Nulle doute que cette période de folie passagère dépassée, elle me reviendra comme une bonne petite épouse digne de la réserve d'amour inépuisable que j'ai pour elle.

Une nouvelle définition de l'amour.

Toute affairée à la préparation du repas, elle me donne une nouvelle preuve de son plaisir à être une bonne épouse malgré sa nouvelle passion pour la luxure. Nous revoilà un vrai couple avec une nouvelle vie temporaire. Je pense qu'Hélène a raison et en développant, me dis que je dois juste voir cette nouvelle activité d'Isabelle comme une activité sportive. Elle était bien patiente avec moi lors de nos jeunes années lorsqu'il m'arrivait de m'absenter pendant des week-ends entiers pour des matchs de rugby à l'autre bout de la France. Elle m'encourageait malgré mes absences fréquentes et me poussait à aller au bout de ma passion, je vais maintenant faire pareil. Chacun son tour, pourrait-on dire.

J'aimerais bien aborder le sujet pendant le repas pour en connaitre plus. J'ai envie de savoir ce qu'ils ont fait. Peut-être que des idées ou des conseils utiles pourraient me venir en tête afin de m'aider à compenser le handicap de ma nouille ridicule, à ce qu'elle dit. Ça me démange d'en savoir plus, mais je me retiens et passe un dimanche soir semblable à tous nos dimanches précédents et sans doute semblables à ceux de la plus grande partie des couples français. La seule différence est peut-être cette vaisselle dont je m'occupe, un seul bouton à presser peut-être mais c'est l'intention qui compte.

Occupé à la dure tâche de presser le bouton du lave-vaisselle, elle est déjà confortablement installée devant la télé lorsque je la rejoins pour le sacro-saint film du dimanche soir. Sous sa petite couverture, elle me laisse prendre ma place habituelle pour nos captivantes soirées télé. Au bout du canapé, je retrouve l'agréable sensation que j'éprouvais lors du début de notre vie commune. Je ne la connaissais pas encore et admirais cette petite frimousse dépassant à peine de la couverture pour profiter du confort de mes cuisses, plus fermes à l'époque. Comme en cette époque apparemment si lointaine, c'est les yeux sur son visage que je passe toute la durée du film dont je serais incapable de raconter l'histoire entière.

Les yeux rivés sur son visage, je ne perds aucune miette de ses mimiques et voit le film à travers les mouvements de son visage expressif qu'elle repose à nouveau sur moi de temps en temps. La jeune Isabelle que j'ai épousée est de nouveau là, sur mes genoux. Elle est une version améliorée mais toujours aussi attirante, voire plus encore. Je savoure cette complicité redécouverte pendant cette soirée que beaucoup trouverait banale et routinière alors qu'elle scelle pour moi la pierre du départ vers un renouveau amoureux.

Elle a retrouvé tant de bien-être avec moi que la fin du film la trouve endormi depuis bien longtemps sur mes cuisses. Et, comme dans nos premières années, je me retire avec délicatesse, sa tête entre mes mains pour lui éviter la moindre secousse pour ensuite la porter tout aussi précautionneusement jusque sur le lit. Transformée en petite fille dans mes bras, son visage endormi esquisse un sourire bienheureux à l'instant où la couette la recouvre jusque sous le menton. Je la rejoins sur le matelas, et je la regarde de longues minutes avant d'éteindre la lumière après un doux baiser déposé sur son front.

Le lit est vide à mon réveil, comme il le sera tout le reste de la semaine, mais au moins les soirées de madame me sont réservées. Elle me laisse même lui faire l'amour certains soirs. Ce n'est pas si gratuit que ça, elle me fait bien comprendre que pour gagner son corps, je dois lui faire envie. Alors je force un peu ma bonne volonté et la décharge d'une partie des tâches ménagères ou me contente simplement de lui démontrer mon amour pour elle. Et, à chaque fois c'est gagnant pour moi.

Je ne suis jamais prévenu à l'avance des soirs où j'ai la chance de pouvoir lui démontrer mes « talents » de poney. Quand je rentre du travail, elle est maintenant solidement ancrée devant l'écran de l'ordinateur. Ses soirées se passent maintenant sur Facebook et autres réseaux sociaux dont je ne connais pas le nom. Elle passe des soirées entières à discuter pendant que je m'occupe à l'entretien de la maison avec de plus en plus d'efficacité et de plaisir. J'aime maintenant faire le ménage et la lessive. Non pas parce que ça me permet de baiser, quoique ça joue quand même beaucoup, mais surtout car je peux la sentir légère et à l'aise avec un sourire qui est devenu sa marque de fabrique. J'ai réussi à faire ce que trop peu d'hommes arrivent à faire. J'ai réussi à rendre une femme heureuse. Je n'irai pas jusqu'à dire que j'ai compris les femmes, loin de là, mais j'ai réussi à comprendre assez la mienne pour la rendre heureuse.

Les soirs où elle est pleinement satisfaite, elle rentre dans la chambre avec le sourire et s'amuse à me brandir une capote sous le nez ou, une fois allongée, à écarter les cuisses en grand pour que je vienne m'emparer de la capote cachée dans sa culotte à l'aide de ma bouche. Je n'ai pas le droit de me servir de mes mains pour cette recherche. Elle s'amuse aussi à me faire croire que je n'aurai aucune récompense et une fois bien installée, elle me lance un gentil :

-Montre-moi ta langue !

Je la sors immédiatement et après une inspection minutieuse, elle me donne le petit ordre tant attendu :

-C'est bien, elle est bien propre. Tu peux venir chercher ton cadeau.

La phrase à peine fini, je lui donne le baiser amoureux qu'elle aime donner et je plonge la tête sous les draps à la recherche de la protection de plastique que j'en suis venu à adorer. Ce bout de latex est maintenant pour moi synonyme de plaisir. Elle prenait plaisir à me l'enfiler au début mais ne perd plus de temps avec ce qu'elle appelle l'emballage. Je le fais tout seul et me rue vite sur elle avant qu'elle change d'avis comme elle me l'a déjà fait à plusieurs reprises. Je me presse et ne perds pas de temps à la déshabiller entièrement. Je me faufile vite entre ses cuisses pour rebondir sur le matelas pendant quelques minutes qui sont de moins en moins nombreuses, voire parfois simplement quelques secondes quand elle me raconte certaines de ses aventures les plus excitantes avec l'un ou l'autre de ses amants de passage.

C'est étrange mais cela me rassure de savoir qu'il n'y a pas que ce François, le motard frimeur. Bien qu'il revienne régulièrement dans ses moments de loisirs, comme je les appelle souvent pour expliquer son absence à celles de mes relations qui s'interrogent sur ma solitude presque constante les week-ends. Ça me permet d'en parler en leur faisant croire qu'elle s'est mise au sport. Sans trop rentrer dans les détails, je parle juste de gymnastique et cela suffit largement pour tous ces gens qui nous connaissent depuis si longtemps comme étant le couple parfait sur lequel il faut prendre exemple.

Ils ne savent pas et je ne vais rien faire pour ébruiter les grands moments de vie qui sont les nôtres, bien que si ils pouvaient voir ma femme se préparer pour certaines soirées, ils se poseraient des questions comme je m'en suis posées le premier jeudi soir où ma femme est vraiment sortie dans le but de chasser du mâle avec ses jeunes collègues de travail.

En pleine période de sorties effrénées, les deux dernières recrues qui lui font office d'assistantes sont devenues de vraies amies pour elle. Et elles entendent bien l'aider à profiter de la vie au maximum après toutes ces années consacrées, selon elle, à gâcher sa jeunesse pour s'occuper du seul homme qu'elle avait connu jusqu'à nos dernières vacances.

Madame et ses copines.

Cette bonne entente avec ses jeunes collègues l'amènent à sortir avec elle en moyenne un jeudi sur deux pour les soirées étudiantes de la discothèque de la ville. C'est un choc et une surprise la première fois que je la vois s'habiller comme ses jeunes amies. Pas étonné de la voir sortir en m'annonçant qu'elle reste dormir chez Vanessa, sa collègue qui vit juste à côté de la boite de nuit, je le suis beaucoup plus en la voyant se préparer pour cette sortie.

D'abord vexé de la voir me refuser l'accès de la salle de bains pendant sa douche, comme elle me le laisse normalement faire avant chacune de ses sorties, je reste à faire la gueule sur le canapé jusqu'à ce qu'enfin, dieu que les femmes restent longues à se laver, elle sorte pour me faire une surprise magnifique.

Enervé sur mon canapé, je ne regrette pas cette mise à l'écart quand le claquement des talons me fait tourner la tête sur ma femme qui marche lentement dans le couloir éteint.

Grande silhouette noire se déhanchant langoureusement devant la clarté de la fenêtre, c'est une vamp qui avance vers moi. L'ombre chinoise suggestive se transforme en un torrent de sensualité à son arrivée dans le salon. Elle s'arrête à deux mètres de moi, les genoux joints pliés sur le côté droit, les mains posées sur les hanches. La tête posée sur son épaule, elle plante ses yeux dans les miens alors que je lutte pour ne pas laisser couler ma salive sur le sol.

-Alors, tu penses que je vais avoir du succès ?

Je peine à répondre tant elle m'éblouit. Perchée sur des escarpins à plateforme et talons ultra-fins, elle n'est vêtue que d'une mini-robe moulante dont le bas ne la couvre que jusqu'à ses bas quand le décolleté dévoile la fermeté de ses seins soulignant son visage maquillé avec soin.

-Tu es magnifique, mais tu ne crois pas que c'est un peu trop, trop...

-Trop salope, tu veux dire ?

C'est exactement le mot qui me vient à l'esprit en regardant l'incitation à la débauche qu'elle exprime par sa tenue mais je ne peux pas me permettre de lui dire. C'est ma femme tout de même.

-Ben, heu, peut-être un peu trop suggestif.

Elle sourit, descend les mains sur ses genoux et me répond en formant un rond parfait de ses lèvres.

-Mais je ne sors pas pour sucer des glaçons si tu vois ce que je veux dire.

-Tu n'as pas peur de les rendre jalouses tes copines. Les mecs n'auront d'yeux que pour toi. Tu es magnifique.

Elle vient s'asseoir contre moi et commence à me caresser l'entrejambe à travers le pantalon. Je vais pour l'embrasser, mais elle détourne la tête pour sauvegarder son maquillage de toute bavure.

-Désolée mais je ne peux pas. J'ai mis plus d'une demi-heure à me maquiller. Mais je vais quand même m'occuper de toi avant d'y aller. Vanessa ne vient me chercher que dans une demi-heure.

Elle garde son beau visage à distance et me caresse toujours entre les cuisses.

-Tu crois que je vais pouvoir me trouver un petit jeune.

Elle sussure d'une voix suave à mon oreille.

-Un petit jeune bien monté, un puceau à qui je pourrais apprendre des choses.

Je suis déjà tout excité rien qu'à cette idée, ma femme transformée en initiatrice sexuelle.

-Je le draguerais et le consommerais sur place comme dans un fast food en lui montrant directement le plat principal.

Elle relève le bas de sa robe pour me montrer qu'elle ne porte aucune entrave. Même pas la grande épaisseur d'une corde de string, pas le moindre bout de tissu pour masquer l'envoutante beauté de son sexe épilé de frais. Mes doigts se promènent doucement sur la fente douce de son sexe.

-Ici par contre, tu peux m'embrasser. Je ne mets pas de maquillage ici.

Je ne me le fais pas dire une deuxième fois et me jette sur les genoux devant elle. Les oreilles sont vite échauffées par la chaleur intense de ses cuisses resserrés contre moi, je savoure de sentir l'excitation croissante de sa belle paire de lèvres. Les miennes embrassent les siennes avant de sortir ma langue intrusive. Je fouille en gargouillant cet espace de volupté au parfum âcre et jouit sans même toucher mon sexe à l'entendre me raconter ses espoirs de la soirée. Elle sent les trois petites secousses que je fais à chaque fois et rigole.

-Lève-toi !

Je m'exécute et la laisse continuer à rigoler.

-J'arrives pas à croire que tu aies déjà jouis.

Dans un réflexe, elle pointe du doigt la tâche énorme qui orne le devant de mon pantalon et éclate une nouvelle fois de rire quand la sonnerie de l'entrée retentit.

-ENTRE ! crie ma femme en se relevant tout en ramenant sa robe à une hauteur qui masque juste le bas de ses fesses.

Et enfin, après en avoir tant entendu parler, je peux rencontrer la jeune Vanessa.

-Tu es magnifique, est la première chose que lui dit Vanessa en entrant.

Jolie petite blonde, elle est très sexy dans sa petite robe aussi courte que celle d'Isabelle, mais il lui manque l'élégance acquise par la maturité.

-Tu vas tous nous les…

Elle stoppe sa phrase en se rendant compte que je suis présent dans la pièce.

-Bonsoir, me lance la jeune fille.

-Tu peux parler, c'est mon petit cocu au courant d'encore plus de chose que vous.

-Tu veux dire qu'il sait pour…

-Pas besoin de lui faire le listing. Tu n'as qu'à voir l'effet que ça lui fait quand je lui en parle, c'est entre ses jambes.

La jeune explose de rire dès qu'elle remarque la tâche que je viens de faire sur mon pantalon.

-Tu veux dire que tu lui as juste parler pour le faire jouir.

-Je te l'avais dit.

-Oh putain, le loser.

-Oups, je suis désolée monsieur, rajoute la jeune en s'adressant à moi. Ça m'a échappé.

-Et lui aussi, ça lui a échappé, lance ma belle en provoquant un fou rire.

-Tu peux aller me chercher mon vanity pendant que je discute avec Vanessa.

-Oui, j'y vais.

Trop heureux de pouvoir me soustraire à cette humiliation, je vais chercher le nécessaire de ma femme pour qu'elle puisse découcher chez sa copine dans de bonnes conditions. Elle a déjà remplie son petit bagage mais je prends l'initiative de lui rajouter des préservatifs que je prends dans le tiroir de sa table de nuit avant de lui glisser discrètement dans le sac que je lui ramène pour la voir filer avec son amie après un petit bisou parfumé sur la joue de la part de chacune. Elle ne me laisse pas leur rendre la politesse pour préserver leur beau maquillage et me laisse seul derrière ma fenêtre à admirer leur déhanchement jusqu'à la voiture de la jeune Vanessa. Le dernier regard jeté sur les feux rouges de la voiture, je retourne à ma petite vie de célibataire par intérim.

La télé tourne sans m'intéresser en cette soirée où j'ai pu voir ma femme en mode bimbo. Une vraie merveille, sexy en diable, elle m'a bluffé par son naturel dans cette tenue qui la moule à la perfection.

Un week-end avec elle.

Après ce jeudi soir passé devant des pornos sur internet, je passe le vendredi entier à penser au retour de ma belle à la maison. Il me tarde tant de la revoir et surtout de l'entendre me raconter ses exploits que je me débrouille pour quitter le travail en début d'après-midi.

Une fois à la maison, je me presse pour faire un petit ménage propre à lui faire le plus grand plaisir. J'insiste bien sur les produits dont je double les doses pour qu'elle ait directement la preuve que son logis est propre grâce à l'époux parfait que je suis. A l'heure habituelle de son arrivée, tout est prêt pour la ravir, même une rose rouge trone sur son oreiller.

Une heure passe, puis une autre et d'autres encore jusqu'à ce milieu de la nuit où je me fais réveiller par ma belle qui me surprend endormi sur le canapé. Encore à moitié dans mes rêves quand elle vient me souhaiter une bonne nuit. Assise sur le rebord du canapé, elle relève ma petite couverture sous mon menton tout en me caressant le visage d'une main douce.

-Bonne nuit mon chéri, dit-elle en déposant un baiser sur mon front.

Je me redresse pour la prendre dans mes bras dans un geste réflexe.

-Bonne nuit mon amour.

-Viens dans le lit maintenant que tu es réveillé, tu y seras mieux pour dormir.

Ses mains tirent les miennes pour me lever et je la suis avec plaisir. Surpris de la voir encore habillé comme la veille, j'ai du mal à comprendre pourquoi mais se faire trainer jusqu'à son lit par une bimbo sexy fait disparaitre toute envie de poser des questions. Ses hanches captivent mon regard dans leur balancement régulier sur les quelques mètres qui nous séparent du lit devant lequel je la presse contre moi. Le sexe contre ses fesses, je lui fais sentir mon envie d'elle.

-Non chéri, je ne peux plus, je suis épuisée.

-Pourquoi ?

-Hier, j'ai fait nuit blanche.

Elle se retourne pour me dévoiler un sourire qui traverse son visage d'une oreille à l'autre. Je craque en la voyant dévoiler ce bonheur. On dirait une petite fille fière de ce qu'elle vient de faire, ce qu'elle me confirme ensuite.

-Tu te rends compte. J'ai réussi à enchainer une journée de travail après une nuit de fête. Même Vanessa et ses vingt ans n'ont pas réussi à tenir le rythme.

Coquin, je relève sa robe, glisse mes mains sur ses fesses.

-Et tu penses pouvoir tenir un peu plus longtemps.

Elle retire entièrement la robe, se laisse tomber en arrière sur le matelas et me lance en souriant.

-Bien sûr, mais travailles un peu de ta langue avant. J'ai tellement jouis que je risque d'être un peu sèche.

Elle rigole pendant que je plonge entre ses cuisses. La langue en avant, je rape mon nez sur le début de repousse de sa toison et lèche les lèvres sèches contre lesquelles mes vieilles lèvres font finalement ventouse pour aspirer l'excitation de madame. L'humidité met du temps à venir mais elle a l'air d'apprécier mon travail avec ses mains qui viennent plaquer fortement mon visage contre son intimité.

A la recherche d'air, j'aspire avec une force de plus en plus grande pour enfin réussir à faire sortir quelque chose de cette caverne à plaisir. Enfin, je vais bientôt pouvoir passer à l'action. Cette belle idée du plaisir à venir s'estompe rapidement quand je réalise que le gout n'est pas le même que d'habitude. Loin de se mêler à ma salive comme la mouille habituelle, c'est un filament gluant que je sens s'enrouler autour de ma langue. Effrayé à l'idée de ce que ça peut être, je me soustrais à la pression des mains d'Isabelle pour enlever cette chose immonde de ma bouche.

Elle éclate de rire en voyant mon expression quand je vérifie ce qu'est cette chose gluante. A genoux entre ses jambes, je tire la langue pour la frotter de l'index que je place ensuite à hauteur de mes yeux. Le fil blanc pend en dessous de mon doigt devant Isabelle heureuse de sa surprise.

-Excuse-moi, j'aurais dû penser à te prévenir mais tu ne m'en as pas laissé le temps.

-C'est ce que je pense ?

-Pas vraiment. ça, c'est plutôt ce qu'on peut appeler une possible promotion.

-C'est-à-dire.

Je demande avec l'image effrayante de savoir qui a laissé ça en elle.

-Ben, vu que je n'ai pas eu le temps d'aller me changer avant d'aller au travail, j'y suis allé comme j'étais habillé et mon chef a craqué sur moi. Il a craqué assez pour m'inviter à passer la soirée avec lui et me proposer une petite promotion intéressante. On peut dire que c'est l'encre de son stylo qui a coulé.

Je connais son chef pour l'avoir rencontré deux ou trois fois par le passé. C'est une personne que je déteste plus que tout et c'est avec le pire des dégoûts que je regarde maintenant cette semence que j'ai eu en bouche. Des hauts le cœur me prennent assez pour que j'aille me faire vomir aux toilettes.

Les dents lavées plusieurs fois, je retourne trouver ma femme pour reprendre les choses là où je les avais laissé, mais elle s'est déjà endormie, fatiguée par la rude journée qu'elle a eu. La pauvre petite, je pense en l'embrassant sur le front.

Je passe la main sur son ventre et, bercé par le rythme lent de sa respiration, m'endort collé contre elle. Sa chaleur réchauffe mon être toute la nuit durant. Tout comme elle me chauffe avec amour à mon réveil.

Dans mes songes de fin de nuit, je me sens couvert par une douce chaleur. Un cocon de sensualité m'entoure et force mon réveil avec une érection matinale plus violente que jamais. Je tourne un peu sur l'oreiller avant d'ouvrir les yeux, porte ma main sur mon sexe pour calmer cette libido du matin pour mettre la main sur une surprise.

La main d'Isabelle est sur mon sexe qu'elle caresse avec gentillesse.

-Debout chéri, il est bientôt midi, souffle ma belle à mon oreille.

-Non, continue. Je ne sortirai pas de ce lit avant d'avoir jouis.

Elle m'obéit et accélère le rythme en me provoquant sur la ridicule taille de mon engin jusqu'à réussir à me faire jouir moins d'une minute après.

-Voilà, maintenant tu peux te lever.

Bien que j'aurais aimé rester plus longtemps sous ses caresses, je lui donne un beau baiser et me lève. Toujours allongée, elle ne me suit pas.

-Tu peux m'amener mon thé au lit, tu seras chou.

Comment lui dire non avec un sourire comme le sien ? C'est impossible en temps normal, et encore plus après son petit exercice manuel sur mon petit tuyau.

Le thé sur un plateau, je la retrouve de nouveau emmitouflée sous la couette. Toujours souriante, elle se saisit du thé et sourit en me voyant plonger la tête sous les draps pour la déranger.

-Tu cherches à savoir pourquoi j'ai réussi à me lever avant toi ?

Je ne comprends pas l'intérêt de cette question et vais à la recherche de son petit bijou que je découvre dans l'obscurité des draps. J'y colle mes lèvres pour sentir vite une nouvelle gêne. Le fil est toujours présent, il a juste changé de nature. Après le fil gluant, c'est le fil en coton qui m'accueille. J'abandonne en réalisant la présence d'un tampon et sort rapidement de sous les draps pour me retrouver devant ma femme à la face hilare. Je retrouve vite le sens des réalités et lui demande.

-Tu as arrêté la pilule ?

-Oui.

-Mais pourquoi ?

-Je veux laisser une chance à la nature.

-Mais pourquoi ?

-Tu n'as pas d'autres questions ? Tu me l'as déjà posée celle-là.

-Et si tu tombes enceinte, comment on fait ?

-Comment on fait ? Ce n'est pas dur, on attend neuf mois, j'accouche et on a un enfant. Tu n'es pas au courant ?

-Si, mais si l'enfant n'est pas de moi, comment on fait ?

-Ce n'est pas une question valable. C'est mon corps et j'en fais ce que je veux, tu n'as rien à dire.

-Si, je suis ton mari donc j'ai le droit de dire ce que je veux.

Elle se redresse, me regarde droit dans les yeux et m'assène sa vérité que je ne peux moralement contredire.

-Tu es mon mari. Tu es là pour faire mon bonheur, rien d'autre. Si tu ne t'en sens pas capable, on divorce et je te fous à la rue, ce n'est pas plus compliqué que ça.

Je panique à la seule évocation de cette idée. Comment je ferais pour vivre sans elle ? Ce n'est même pas envisageable. Elle est si belle et surtout elle est la seule qui ne m'a jamais reproché le manque de longueur dont je souffre au niveau de mes parties intimes. Comme d'habitude, je cède et montre une nouvelle fois mon manque de virilité.

-Je ne veux que ton bonheur, tu le sais.

-Alors pourquoi ces questions ?

-Ben, tu m'as toujours dit que tu ne voulais pas d'enfant et maintenant tu risques d'en avoir un par accident.

-Ce ne sera pas un accident, ce sera le destin, rien d'autre. Et je n'ai jamais dit que je ne voulais pas d'enfant. C'est juste qu'avant, je ne me voyais pas avec un enfant alors que maintenant je me sens capable de l'assumer et je suis certaine que toi aussi.

-Moi aussi, comment ça ?

Elle me saisit le menton du bout des doigts, m'attire à elle pour embrasser mes lèvres avec sensualité.

-Je suis certaine que tu seras le meilleur des pères. Tu as ça dans le sang.

-Peut-être, mais le père, ce ne sera pas moi si c'est un autre qui te fait enfanter.

-Il ne serait qu'un simple géniteur, alors que toi, tu aurais la chance d'être le père. Tu serais le papa qui entoure d'attention, qui protège, qui éduque et profite de l'affection qu'il reçoit en retour de son petit bout. Tu es né pour être un papa, le meilleur des papas comme tu es déjà le meilleur des maris.

Touché, je me colle contre elle et pose ma tête sur sa poitrine. A travers son sein, j'écoute son cœur battre tout en l'écoutant répondre à la seule vraie question qui m'intéresse.

-Tu es sûre que tu continueras à m'aimer quand même ?

Ses mains caressantes se promènent dans mes cheveux, son cou se plie pour la laisser déposer un baiser sur mon front.

-Bien sur, je ne pourrais pas rêver d'un autre pour partager ma vie. Tu es doux, attentionné, prévenant. Tu es tout l'opposé des machos que je rencontre. Toi au moins, tu vois en moi la femme parfaite alors qu'eux ne me voient que comme une paire de fesses montées sur des longues jambes entre lesquelles ils rêvent de venir prendre place. Toi, je t'aime.

J'adore l'entendre me dire ce petit mot doux. Sa voix est sincère et chaude quand il sort d'entre ses jolies lèvres. Je suis si bien collé contre elle que c'est un vrai brise-cœur de l'entendre répondre à un appel de François pendant que je savoure ce moment si romantique. J'ai peur de la voir s'en aller le retrouver quand il lui dit qu'il a envie d'elle, mais en épouse amoureuse, elle lui donne la réponse que je désire.

-Non, je passe le week-end avec mon mari, il a le droit de m'avoir aussi.

Elle est adorable et attentionnée à laisser passer cette occasion de voir un étalon compétent, comme elle aime à me le décrire. L'autre insiste, mais elle reste ferme et finit par raccrocher pour me laisser apprécier cette victoire.

-Tu as vraiment prévu de me consacrer ton week-end ?

-Oui, je peux bien profiter un peu de toi de temps en temps. Tu es si gentille avec moi.

-Qu'as-tu prévu ?

-On va déjà aller faire les boutiques, je crois que ça te plaira de me voir faire des essayages.

-J'approuve le projet.

Et conclus l'accord par un nouveau baiser passionné à ma belle.

Cocu public.

Vite près, j'attends longtemps qu'elle soit enfin apprêtée pour sortir. Le résultat est classique mais son élégance est toujours là. Bottines à petits talons, pantalons moulants et veste en cuir rouge pour couronner le tout, elle est un régal à regarder.

Durant le petit quart d'heure que dure le trajet en voiture, je salive déjà à la fierté retrouvée de me promener main dans la main avec la femme la plus belle qui soit. Tous me regarderont avec jalousie quand je profiterais d'une pause devant une vitrine pour l'embrasser ou poser mes mains contre ses fesses.

Je commence à profiter de ce petit bonheur dès notre entrée dans la grande rue commerçante. La main posée sur une de ses fesses je marche heureux de voir les regards envieux de tous les hommes qui nous croisent. Ils crèvent tous d'envie d'être à ma place mais c'est moi qu'elle aime, personne d'autre. Devant tous ces jaloux, nous rentrons dans la première des boutiques pour une séance d'essayage de lingerie. Je sers de conseil à ma belle qui vide les rayons des tenues les plus érotiques pour les essayer.

Les ensembles se suivent et ne se ressemblent pas, mais chaque fois, c'est un grand moment d'excitation quand elle se change derrière le rideau. Elle se dévoile sans jamais me laisser la toucher jusqu'à ce dernier ensemble plus que suggestif qu'elle a déjà choisie de prendre avant de me demander mon avis, positif bien entendu.

A l'ouverture du rideau, je bave littéralement devant la bombe qu'elle est dans le mini tanga assortie à la nuisette transparente qui me dévoile son corps quand elle me demande abruptement.

-Tu penses que ça plaira à François ?

Je n'avais encore jamais entendu une demande d'avis formulée comme cela mais je ne peux que lui répondre par l'affirmative en essayant de la motiver pour une petite séance de jambe en l'air dans la cabine. Les bras en avant, je vois le rideau se fermé sur mon nez pour ne le voir se rouvrir qu'une fois Isabelle habillée et prête à passer à la caisse. Je ne résiste pas à l'envie de payer pour son achat comme je le ferai dans toutes les autres boutiques, c'est un plaisir sans prix de vêtir sa belle comme une princesse.

Chargé de sac après la troisième boutique qu'elle dévalise sans la moindre gêne, je me vois surpris par un arrêt imprévu dans la grande rue. Ma femme d'habitude si sobre me fait rentrer dans un bar pour faire une pause dans cette journée de grande activité.

Je suis son chemin au milieu de toutes les motos qui encombrent le passage et me retrouve avec plaisir assis face à ma belle le temps d'un bon petit chocolat chaud. Nous discutons de tout et de rien avec plaisir jusqu'à ce qu'un homme vienne nous saluer à notre table.

Sans la moindre gêne, il pose son bisou sur la bouche de ma femme avant de me regarder en coin.

-C'est qui ? Demande-t-il à ma femme.

-Je te présente mon mari, répond mon épouse.

-Bonjour monsieur, me fait-il avec un grand sourire tout en s'installant à notre table sans demander la permission. Je peux me joindre à vous.

-Quelle question ? On est toujours ravi de t'avoir avec nous, tu le sais.

-J'espère bien. En tout cas, je suis heureux d'enfin pouvoir connaitre le chanceux qui a réussi à te mettre la bague au doigt. Tu fais des envieux, tu n'as pas idée du nombre d'hommes qui aimerait être à ta place, rajoute-t-il flatteur en s'adressant à moi.

Je vais pour répondre mais sa main posée sur celle de François, ma femme est plus rapide à la réponse.

-Tu l'es des fois.

-Des fois quoi ?, lui demande-t-il.

-Ben, à sa place bien sûr.

Ils rigolent tous deux de sa bonne plaisanterie et ne parviennent que difficilement à s'arrêter en me voyant rougir la tête basse. Je relève les yeux en l'entendant complimenter ma belle pour son humour et tente de l'arracher à cette situation gênante, pour moi, en lui rappelant les priorités de la journée.

-Chérie, il faudrait peut-être repartir si on veut finir la séance shopping.

-On a encore cinq minutes pour parler, on ne fait rien de mal.

-Je dois partir de toute façon, interrompt François.

-Tu vas pouvoir montrer ta moto à mon mari en partant, il a toujours voulu en avoir une.

Le motard me regarde avec un autre œil.

-Pourquoi tu n'en as pas une alors ?

-Parce qu'il a peur de tomber, répond ma femme avant moi.

François rigole et sort du bar devant nous. Ma femme le suit de près jusqu'à cette fameuse moto que je suis obligé de reconnaitre comme étant parfaite. C'est un homme de goût, il sait choisir ce qu'il monte, que ce soit les femmes ou les motos. Je jette un dernier regard sur l'impressionnant moteur quand ma femme perd toute décence et lui roule un énorme patin avant que casqué il ne me tende la main.

-Alors à lundi ma belle Isa.

La moto s'engage sur la route et le chevalier blanc de ma femme file sur son destrier sous le regard rêveur d'Isabelle. Ses yeux perdus dans le sillage de la machine, elle ne m'entend même plus quand je lui demande :

-Comment ça à lundi ?

Complètement à côté de la réalité présente, sa réponse est une autre question qu'elle me pose en enlaçant mes épaules de ses bras redevenus affectueux.

-Tu ne trouves pas qu'il est totalement craquant ?

-Moi tu sais, je ne peux pas trop juger un homme sur son physique.

-Et encore, tu n'as pas tout vu, me rajoute-t-elle en m'entrainant à sa suite alors que je peine à saisir tous les sacs assez vite pour ne pas me faire distancer. Motivée par cette rencontre fortuite, d'après ce qu'elle me dit, elle marche maintenant à grande vitesse entre les boutiques où elle passe un temps infini à chaque fois. Comme beaucoup d'hommes, je finis par perdre patience et l'attend maintenant devant les vitrines pendant qu'elle fait chauffer ma carte au rouge. Le visage sur le point de se teinter de la même couleur, elle cesse sa cession shopping à seulement trois boutiques de la ligne d'arrivée. Je lui suis reconnaissant de cette attention et ramène une femme heureuse à domicile. Elle a assez de nouveautés pour rendre jalouses ses amies et collègues pendant plusieurs semaines.

Inévitablement, mon esprit terre-à-terre revient sur le résultat financier de la journée. Je n'ose aborder le grand malaise que j'ai vécu quand elle a roulé une énorme pelle à son motard en plein milieu de la rue et me rabats sur le classique délit de dépense que tout couple a dans la même situation.

« Tu ne vas pas regretter cette dépense, je te le promets ».

En tête à tête.

Une fois rentrés, elle me laisse entasser les sacs dans la chambre et se met aux fourneaux pour un bon repas. La femme adultère a quitté son nouveau monde pour revêtir le petit tablier de la parfaite épouse. Je me laisse faire sans la moindre résistance quand elle me pousse hors de la cuisine avec une bière pour m'occuper. Elle est une épouse parfaite, elle me force à la laisser faire la vaisselle pour que je puisse aller boire ma bière tranquillement devant la télé. Vous êtes nombreux à pouvoir en dire autant ??

Je savoure mon petit plaisir quand elle revient enfin vers moi après un passage dans la chambre. Entièrement vêtue d'une (petite) partie de ses nouveaux achats, elle me surprend en rentrant dans le salon en même temps que l'ambiance chaude créée par sa tenue et son attitude.

Main sur la hanche, sa jambe en avant ne dévoile qu'une petite partie de l'intérieur de sa cuisse masquée par le bas du long manteau de cuir assorti à ses bottes aux talons aussi longs que fins.

Ma femme fatale me fait rêver. Je me relève pour la prendre contre moi, mais sa main se dresse devant moi pour me jeter contre le canapé d'un geste sûr. Mes bras prennent appui contre l'assise mais elle contre mes efforts avant même qu'ils ne commencent.

Sa jambe se dresse, me dévoilant l'intérieur de sa cuisse et un infime bout du tissu qui recouvre son sexe et avec tout autant de fermeté que dans son bras elle plaque sa semelle contre ma poitrine pour me coller contre le dossier du siège avec une aisance renforcée par sa beauté et la manière dont elle abuse de sa beauté pour anéantir toute volonté de mon esprit.

Sa botte enfonce mes côtes mais c'est un bonheur pour moi de l'avoir un samedi soir à jouer avec moi. Son petit string au tissu assez fin pour que je vois sa fente me narguer réveille toute la vérité dont je suis capable. Mon entrejambe est tendu à l'extrême. Ma libido commandant maintenant mes actes, j'en suis à caresser ses bottes amoureusement sous son regard victorieux. Elle aime être celle qui décide des règles qu'elle change à volonté, mais sait aussi me montrer que mon propre plaisir est aussi important à ses yeux.

Toujours en équilibre sur un seul pied, elle écarte un pan de son long manteau et me dévoile la splendeur masquée de son sexe à travers le mini-string qu'elle m'exhibe avec fierté. Elle suce son majeur avant de le laisser descendre entre ses cuisses pour le faire aller entre sexe et nombril plusieurs fois avant de me demander.

-Tu crois que ça suffira pour séduire François ?

Elle rigole en voyant mes reins battre dans le vide quand elle me pose la question.

-J'ai l'impression que ça devrait bien se passer vu comme tu gesticules. On dirait un chien qui s'excite sur une chaussure.

Elle joint le geste à l'image en laissant son pied descendre sur mes parties contre lesquelles elle s'arrête. La pointe de son talon se promène de droite à gauche en suivant la courbe de mon excitation. Elle me connait assez pour voir que je suis déjà chaud pour une bonne partie de plaisir et laisse glisser son manteau sur le sol.

Sûr que François craquerait aussi devant cette lingerie si suggestive. Son sexe à peine dissimulé par le tissu transparent est presque aussi visible que ses tétons libérés par deux fines fentes sur le devant du soutien-gorge. Je veux lui sauter dessus mais n'ose pas. C'est plus ma femme que je vois devant moi, c'est une vraie déesse qui m'hypnotise. Elle se laisse enfin aller à descendre à mon niveau pour s'occuper de moi.

Ses genoux prennent place de part et d'autre de mes cuisses vite réchauffées par la chaleur envoutante qu'elle dégage. Guidé par mes hormones, je ne réfléchis plus et saisis ses fesses à pleine main pendant que ma bouche vient se coller sur un de ses tétons raides d'excitation, elle aussi a envie.

Sa poitrine se soustrait soudainement à mes baisers pour laisser place à son doux visage qu'elle colle contre le mien. Ses lèvres caressent les miennes pendant que ses mains agiles défont mon pantalon avec rapidité. Mon sexe peine à émerger des plis de vêtements dans lesquels ses doigts fouillent pour trouver ma petite éminence.

Son souffle chaud balaie mon visage à chaque fois qu'elle cesse ses baisers pour jouer avec mon esprit.

-Tu crois qu'il aimera si je lui fais ça, si je lui caresse le sexe dur pour jouer avec ?

Je peine à répondre avec mon souffle coupé par l'excitation. Ma libido croit à la seule idée de l'imaginer jouer avec le sexe énorme de cet amant.

-Oui, je souffle difficilement entre deux de ses baisers.

-Tu crois qu'il resterait comme toi ou qu'il me prendrait, qu'il m'arracherait le string pour me prendre comme un vrai mec ?

Je ne sais quoi répondre et m'en moque carrément, elle me donne un plaisir fou, un plaisir que renforce ses questions bien senties. Elle me rend dingue et j'ai envie de faire ce qu'elle propose. Je veux la jeter sur le canapé pour m'enfiler en elle. Elle le sent, elle sait ce que je voudrais lui faire et augmente la pression de ses doigts sur ma tige.

-Tu crois que lui....

Elle coupe sa question en plein milieu pour répondre elle-même à cette question que je n'ai pas eu la chance d'entendre.

-Non, lui n'aurait jamais jouis aussi vite. Tu es unique.

Je baisse la tête vers mon échec. Elle pose alors un bisou affectueux sur mon front.

-C'est aussi pour ça que je t'aime.

Rassuré, je la laisse essuyer ses doigts sur mon maillot avant de la regarder se relever pour aller passer une nouvelle soirée sur internet en me laissant devant la télévision avec ma bière pour seule compagnie.

Les petites secondes de silence me permettent de l'entendre rigoler ou discuter sans que je ne comprenne vraiment les mots prononcés. Après un long temps de récupération, j'aimerais bien refaire une tentative, mais attend qu'elle veuille se décider à revenir s'amuser avec moi.

Je dois attendre le moment où je me résigne à aller me coucher pour qu'elle se décide à m'appeler. Tout heureux de recommencer nos petits jeux, je cours jusqu'au bureau pour me faire stopper d'un geste de la main au passage de la porte.

-Vas au lit maintenant, je te rejoins pour finir ce que j'ai commencé.

Elle souligne son propos d'un geste des plus suggestifs en suçant son majeur avec ses yeux plantés droit dans les miens. L'image est tellement réaliste que je réagis avec plus de facilité qu'un enfant à qui on ordonne d'aller se coucher. Il est vrai qu'entre sucer une totoche pour s'endormir ou servir de totoche à la femme la plus belle que je connaisse, il y a une grande différence.

Les minutes se transforment en heure pendant cette attente qui ne se termine qu'avec le réveil le dimanche matin.

Surpris par la lumière du jour à travers les volets, j'ai le bonheur de voir ma belle nue à sa place. Elle ne m'a rien fait dans le lit ce soir, mais je suis déjà le plus heureux des hommes d'enfin avoir pu avoir ma femme dans mon lit un dimanche matin. Cela ne m'était pas arrivé depuis très (trop) longtemps.

Attentionné, et intéressé, elle se retrouve avec un beau petit-déjeuner au lit servi dès son réveil avec soin et élégance par le petit mari amoureux que je suis. Elle sourit de la belle attention jusqu'à ce que je me mette à la déranger avec mes mains baladeuses sur son corps nu.

-Arrête, laisses-moi boire mon thé tranquillement.

-J'ai envie, j'ai envie de toi.

-Alors arrête.

Je cesse pour me contenter de la regarder avec impatience. Et, c'est avec un sentiment de délivrance que je la vois finir et me tendre le plateau.

-Tu peux aller faire la vaisselle, pendant que je reste un peu à profiter du lit.

Le plateau à la main, je la vois disparaitre sous la couette sans la moindre attention pour moi. Elle n'a pas bougé quand je retourne tenter ma chance après avoir fait la vaisselle, mais un nouveau refus m'accueille vertement. Je me lance alors dans des grandes négociations qui se clôturent par une demi-victoire.

-Tu auras droit à toutes mes attentions si on inverse les rôles cet après-midi.

-Comment ça ?

-Tu fais le ménage de la maison pendant que je ne fais rien.

-Mais c'est injuste.

Elle croise les bras et prend son air le plus méchant.

-C'est injuste mais c'est ce que tu as fait pendant des années.

Je baisse les yeux et hoche la tête en signe d'approbation. Une fois de plus, la raison est de son côté et je me retrouve le balai en main après le repas de midi. Je frotte et astique dans toute la maison pendant que ma douce discute sans interruption via l'ordinateur.

J'enrage de la situation et me réjouit quand la voisine vient pour boire le café. C'est avec un sourire non feint que je l'accueille à l'ouverture de la porte. Hôte prévenant, je lui offre de prendre place sur le canapé et lui tient compagnie le temps qu'Isabelle soit habillée pour nous rejoindre. Soft en ce dimanche de paresse, elle a juste enfilé un jeans et un petit pull pour venir prendre place vers son amie. Les embrassades faites, sa main me fait signe de dégager.

-Tu peux nous laisser. Tu n'as pas encore fini ton ménage.

Hélène commence à rire en me voyant obéir sans la plus petite contestation puis éclate carrément de rire quand elle lui explique pourquoi.

-Il doit tout nettoyer si il veut que je m'occupe de sa misère sexuelle.

Indifférentes à mon existence, elles discutent jusqu'à la tombée de la nuit sans jamais se soucier de leur propos. Vexé, voire humilié, par certaines révélations de ma femme à son amie, je ne dis rien et encaisse dans l'espoir de ne pas la vexer. Je ne voudrais pas lui faire annuler sa promesse du matin à propos de ma jouissance du soir. Ce qu'on est prêt à supporter pour une simple vidange de nos parties est incroyable. Je découvre de plus en plus que l'expression affirmant qu'on se fait mener par le bout de la queue est une réalité. Obnubilé par cette promesse, c'est la première chose que je rappelle à ma belle dès le départ de son amie.

Gentille, elle n'oublie pas et me promet de s'occuper de moi devant le film du soir. Et elle le fait. Comme toute bonne épouse, elle abandonne toutes ses autres occupations pour venir me tenir compagnie sur le canapé. Collée contre moi, la tête reposée sur mon épaule, elle défait les boutons de mon pantalon pour me donner le plaisir qui m'est du. Mon sexe est à l'air libre quand son portable sonne.

-Laisse sonner, je lui dis.

-Je dois répondre, c'est la sonnerie de François.

Pas le temps de la retenir du bras qu'elle a déjà bondi sur ses jambes pour s'élancer à la recherche de son portable qu'elle ramène avec elle pour revenir prendre place à mes côtés. Là tout en discutant avec son amant, elle se colle de nouveau contre moi et reprend là où elle en était.

J'aimerais la voir stopper sa conversation mais la chaleur de ses doigts sur mon membre me fait oublier tout désir de contestation.

Les yeux rivés sur la télé, l'esprit captivé par sa discussion avec François, elle branle doucement mon sexe de la main droite en discutant de la soirée que François a prévue de lui faire passer lundi. Ignoré par elle, j'écoute avec attention les détails appétissants qu'elle lui annonce et il faut moins d'une minute pour que je laisse partir ma semence. Tout part en un grand jet incapable de lui faire détourner le regard. Toujours captivés par la télé, ses yeux ne se baissent même pas pour voir le résultat de ma jouissance. Elle passe juste négligemment ses mains sur mes vêtements pour les essuyer et retourne s'isoler dans le bureau pour prolonger sa discussion sur internet.

J'abandonne toute idée de la voir revenir assez tôt dans le lit pour s'occuper de moi et vais me coucher un peu frustré mais heureux d'avoir pu me faire vider de sa propre main. Je m'endors vide et heureux de ce petit moment de complicité.

Fière d'elle.

Il est tard lorsqu'elle rentre de cette première journée de la semaine. Prévenu depuis le samedi, je ne me suis pas inquiété et ai patiemment attendu devant la télé qu'elle revienne de son rendez-vous avec François. Sachant qu'elle a ses règles, ce ne sera pas aussi long que le week-end. Je me demande juste quel intérêt il a eu de la faire venir un lundi soir. Ce n'est pas un jour pour les rendez-vous.

Mais rendez-vous il y a eu et ce n'est qu'à minuit que ma belle repasse la porte de la maison. Comme une ado prise sur le fait, elle cherche à se justifier au moment où elle se rend compte que je suis encore debout.

-Excuse-moi, je n'ai pas vu passer l'heure.

Je la déstabilise par ma réponse.

-Tu as passé une bonne soirée ?

-Oui, c'était vraiment sympa, bégaie-t-elle.

Je me lève pour l'embrasser mais elle se soustrait à mon baiser pour se rendre à la salle de bain.

-Je vais aller me laver les dents avant.

-Mais....

-Ben vu que j'ai mes règles, tu vois ce que je veux dire.

Je ne perds pas le nord et profite de l'ouverture.

-Et moi, tu ne veux pas m'en faire une petite avant de te laver les dents.

Elle regarde entre mes jambes, hésite et se met finalement à genoux pour m'annoncer en me fixant dans les yeux.

-C'est pas pour les trente secondes que ça va me prendre.

Et même pas trente secondes après, alors que sa bouche n'a pas encore entourée mon engin, je me retrouve à jouir sur ses mains en envoyant quelques pertes collatérales sur sa joue.

Ecoeurée par ma semence sur son visage, elle part se laver rapidement le visage avant de me rejoindre dans la chambre où j'ai vite pris place, prêt à dormir du sommeil du bon mari soulagé de son trop-plein. Tellement soulagé que je n'éprouve pas le besoin de lui demander de me raconter quelles excitantes choses elle a pu faire dans la soirée, je m'endors comme un gros bébé.

Cette semaine de menstruation que j'imaginais se dérouler à peu près dans le plus grand calme a été la cause d'un nouveau déclic pour ma belle aventureuse. Invitée par son patron pour passer une soirée à discuter de sa possible promotion, elle était angoissée à l'idée de ne pas pouvoir se servir de son petit plus qui la démarque de toutes ses autres concurrentes qui n'ont pas encore compris la différence entre jeu et fidélité, ou entre amour et sexe (choisissez l'option qui vous intéresse).

Moi-même, je me vois passé la journée dans le stress de la voir rentrer avec une mauvaise nouvelle. Elle est si sensible que je passerais des jours à sécher ses larmes. C'est donc avec une joie indescriptible que je peux la voir rentrer à la maison au beau milieu de la nuit. Au lit mais encore éveillé par cette angoisse profonde de la voir rentrer en pleurs, je saute presque au plafond quand son visage me salue d'un sourire qui relie ses oreilles par une courbe parfaite.

-Chéri, c'est dans la poche. Tu as devant toi la prochaine assistante personnelle du directeur.

-Félicitations mon amour. Je savais que tu réussirais. Ils ont enfin reconnu tes capacités.

Je la serre fort contre moi et l'embrasse avec toute la passion que j'ai pour elle. Elle me rend cette passion au centuple et me laisse l'entrainer sur le lit pour fêter ça de manière adulte. Baisers et caresses se suivent quand une fois nue, elle se défait de mes bras avec précipitation.

-Qu'est-ce qui t'arrive ?

Elle ne répond pas et court s'enfermer dans les toilettes un long moment. Elle n'en revient que pour y retourner dix minutes plus tard. Un peu gênée, elle réussit enfin à se coucher et ne se relèvera qu'une seule autre fois dans la nuit. Une nouvelle fois, je me tais et n'insiste pas. Et ce, avec raison, elle m'avouera tout dans la soirée qui suit. Devant la télé, encore et toujours, je lui dit mon plaisir de la voir aller mieux qu'hier et lui demande ce qu'elle avait bien pu manger pour finir dans cet état.

-J'ai mangé, mais pas par où tu crois. Tu sais, il faut savoir donner du sien pour réussir une carrière.

-C'est-à-dire.

Je pense avoir compris mais n'ose pas croire à ce qu'elle sous-entend.

-Ben vu que j'avais mes règles, il ne me restait plus qu'une autre solution pour assurer cette promotion.

-Tu veux dire que tu l'as laissé te...

Je n'ose employer le mot par peur de vulgarité envers ma douce qui me répond tout de go.

-Ce n'était pas si désagréable sur le coup. Un peu douloureux, mais pas si désagréable. Je te laisserai me le faire une fois.

Je bondis de joie à cette idée. J'en ai rêvé depuis le tout début et n'ai même jamais osé lui en parler et voilà que la proposition vient d'elle-même. Quel délice d'avoir une femme aussi ouverte.

-C'est vrai, tu es d'accord.

-Bien sûr, maintenant que j'ai essayé, je suis certaine qu'avec la tienne je ne vais pas avoir trop mal. Par contre, je ne pense pas essayer de sitôt avec François.

Ben, ça fait plaisir à entendre. Je suis de nouveau la petite bite de service, merci chérie. Elle sent ma gêne et tente de rattraper le coup.

-Ce que je voulais dire, c'est qu'avec toi, ce sera par amour. Mon patron, c'était pour compenser alors qu'avec François, je n'ai aucun intérêt à le laisser me prendre par là, il me donne suffisamment de plaisir autrement.

-Mouais, et moi j'ai quoi.

-Toi, tu as tout mon amour.

Et elle colle sa bouche contre la mienne pour faire taire toute contestation.

Comme d'habitude, je me laisse convaincre par ses mots et continue à admirer la beauté de MA femme.

Drôle de routine.

En place sur son nouveau poste, elle se trouve de plus en plus prise par ses nouvelles fonctions, annexes surtout, et je me vois profiter de sa présence de moins en moins souvent.

Maintenant qu'elle a des responsabilités importantes dans l'entreprise, elle doit aussi s'occuper des clients qui viennent parfois de loin et ont besoin d'une compagnie. Volontaire et impliquée dans la vie de son entreprise, il arrive à mon épouse de passer des nuits entières à aider les clients potentiels à faire le meilleur choix quant à la signature des contrats.

Certains pourraient s'offusquer de ces absences répétées alors qu'elles sont une vraie bénédiction pour la bonne marche de notre foyer. Les primes accordées à chaque signature sont devenues si importantes que les vacances risquent de se déplacer de la méditerranée aux iles paradisiaques l'année prochaine et la voiture de sport dans laquelle je roule m'a été offerte par ma belle amoureuse.

Elle compense comme elle peut cette absence de contact et en plus de la voiture de sport, j'ai la joie de ne plus avoir à faire le ménage à chacune de ses découches en milieu de semaine. Ses nuits à l'hôtel lui donnent toujours droit à un repos mérité le lendemain et elle le passe le plus souvent à entretenir la maison pour rattraper son infidélité.

J'ai maintenant le plaisir de rentrer pour retrouver une douce épouse aux petits soins avec moi. Dans son tablier de ménagère, elle garde même toujours une capote pour satisfaire les envies que je pourrais avoir à mon retour. Femme parfaite, je suis même l'homme parfait pour elle. Mon éjaculation précoce est elle aussi devenue un avantage quand elle passe à la maison en coup de vent entre deux rendez-vous.

Quand elle rentre du travail se préparer pour une soirée avec un client, François ou je ne sais qui d'autre, elle n'a aucune gêne à me voir venir la rejoindre dans la salle de bains avec un préservatif à la main. Elle sait ce qui l'attend et me laisse faire comme je veux. Plus jamais elle ne me parle de migraine, toujours disponible pour moi, elle me laisse la prendre là où elle est. Elle écarte docilement les jambes et sourit quand je rentre en elle.

Quand vous trimez à convaincre vos femmes fidèles de remplir leur devoir conjugal, ma belle infidèle me laisse la prendre quand je le veux. J'ai maintenant tout pour être heureux dans ce nouveau mode de vie.

Debout devant le miroir, elle arrête de se maquiller pour me laisser la besogner une à deux minutes. Deux minutes restent encore un temps exceptionnel, mais j'y arrive parfois, comme quoi, l'entrainement, ça paye.

Je ne peux que la remercier de tous ses bienfaits et l'aide maintenant à se préparer avant ses sorties. Une salope pour certain, mais une vraie reine pour moi. Elle me réserve même la primeur de son corps à chaque fois que je lui rase son entrejambe qu'elle veut garder entièrement lisse de sa chatte à son anus. Elle se doit de conserver une hygiène parfaite pour ses amants. Qu'ils soient réguliers ou occasionnels, elle ne veut pas les décevoir mais m'accorde un honneur qui ne leur est jamais accordé. En tant que mari, je suis le seul à pouvoir la lécher ou la prendre une fois bien rasé. Je savoure ses moments d'intimité où sa douce peau bien lisse reçoit mes caresses. J'aimerais l'avoir plus souvent près de moi, mais est-ce que nous aurions des moments aussi intenses ou aurions nous un retour à notre vie antérieure, une vie de couple morne et sans le moindre relief.

Elle est heureuse et me le rappelle constamment.

-Je t'aime, un mari comme toi est une vraie bénédiction.

Je rougis chaque fois tant elle est sincère dans ses paroles et dans ses actes. Toujours elle me tient informer et me demande son avis sur les grands changements de notre couple.

Le grand changement.

Elle me donne régulièrement des occasions de prendre part aux grandes décisions de sa vie sociale comme de notre couple, mais encore jamais elle n'est arrivée avec autant de joie à la maison pour m'informer d'un changement si beau. Loin d'être un avis pour une nouvelle coupe de cheveux ou une recommandation pour un week-end de luxure, elle a une nouvelle si belle qu'elle met les petits plats dans les grands pour me la servir.

Rentré peu après elle, je m'attends à la trouver à s'apprêter pour une sortie et serre déjà une capote dans ma main pour profiter de l'occasion. Mais c'est toute autre chose qui m'attend quand je la découvre en pleine action dans la cuisine. Son tablier attaché à la taille, elle est affairée devant de nombreuses casseroles et me demande de la laisser après un simple petit baiser.

-Je te prépare une surprise alors laisse-moi faire. Vas boire un verre au café et ne reviens qu'à vingt heure, quand tout sera prêt.

J'hésite à sortir la capote de ma poche et préfère attendre ce soir. Avoir son épouse qui donne pour consigne d'aller au bistrot, ça s'arrose.

Trois bières plus tard, je suis de retour pour découvrir la surprise de ma belle. Talons hauts, petite robe moulante et léger maquillage, c'est toute en beauté qu'elle m'accueille à la porte. Le baiser échangé, elle m'entraine par la main jusqu'à la table dressée comme pour une cérémonie. Nappe blanche et bougies allumés créent une belle ambiance romantique à souhait pour le repas qu'elle a disposé avec soin. Le vin rouge conseillé par l'un de ses amants couronne le tout et c'est un l'esprit chaud que je peux recevoir la grande nouvelle qu'elle me réserve pour accompagner le champagne qui clôture le repas. Flutes en main, elle vient s'asseoir sur mes cuisses pour trinquer.

La première gorgée bue, j'oublie le pourquoi de ce beau repas et laisse mes mains se promener sur ses seins avec envie.

-Tu verras, bientôt tu auras des plus gros seins pour jouer.

-Pourquoi veux-tu les refaire ? Ils sont déjà magnifiques.

Je dépose un baiser sur chacun d'eux pour lui montrer mon attirance pour ses jolis attributs.

-Je n'aurai pas le choix, c'est la nature qui veut ça.

-Comment ça, la nature.

Comme tout homme qui discute avec sa femme, j'ai du mal à comprendre les phrases au deuxième degré.

-Tu vas être papa.

Mes mains manquent de lâcher la flute sur le sol à cette annonce que je ne sais pas comment prendre. Bonheur et peur sont les sentiments qui s'affrontent en mon esprit. Seul l'instinct de mâle réagit et place mon regard et mes mains sur ce ventre qui contient la vie de notre futur bébé.

-C'est pour quand ?

-Dans six mois et demi si tout se passe bien.

Mon esprit de mari passe directement à la réalité matérielle de cette future situation.

-Il faudra que je lui aménage une chambre. Après il faudra sécuriser toute la maison pour l'empêcher de se blesser.

-Ne vas pas si vite. Il ne marchera pas avant au moins dix-huit mois.

-Je sais, mais il faut tout préparer à temps.

-Tu seras vraiment un bon papa.

Elle m'embrasse avec une fougue rare et me laisse la serrer contre moi avec force. Ce baiser donné, je pose la question difficile.

-Et qui est le géniteur ?

-Je ne sais pas, me répond-elle. Je ne veux pas savoir. Le père sera toi, personne d'autre.

-Merci mon ange, répond-je touché par cette marque d'attention.

Amoureuse, sa tête vient se poser sur mon épaule et nous restons de longues minutes dans le silence le plus total. Ce moment est beau, rien ne doit le troubler. Elle rompt ce silence après une longue inspiration et me fait une nouvelle annonce après avoir fouillé dans mes poches. Elle extrait la capote que je voulais lui sortir, la jette sur la table et en me soufflant ses mots à un doigt de ma bouche m'annonce une autre bonne nouvelle.

-Plus besoin de ça. Tu m'auras au naturel tant que tu voudras maintenant.

On oublie tout, on ne pense plus à rien et on se dépêche. Après des mois passés à remplir les bouts de latex, je ne veux pas perdre de temps à retrouver le plaisir de son corps. Je l'enlève de mes cuisses, trousse sa robe sur ses hanches et la penche directement sur la table. Surprise par tant d'initiative de sa part, elle gémit d'avance en me sentant redevenu le mâle viril qu'elle aurait aimé toujours avoir.

Le pantalon à mi-cuisses, je me précipite sur son sexe pour y plonger le mien sans la moindre douceur et me retrouve en train de la remplir seulement quelques secondes après être entré en elle. Les retrouvailles de ce contact direct entre la peau de mon sexe et la chaleur du sien sont si intenses que je ne peux pas retenir ma jouissance.

Elle retient ses rires et me rassure comme elle peut après ce nouvel échec.

-Ce n'est rien. Tu n'es pas fait pour ça, c'est tout. Tu es fait pour être un époux et un papa, pas un amant. Tu es un homme, pas un animal.

-Mais..

-Chut, je t'aime mon ange.

Je reste une nouvelle fois dans l'échec mais salue sa bonté de me laisser la prendre régulièrement malgré toute la frustration qu'elle doit ressentir à chaque nouvel échec de ma part pour la faire jouir.

Par chance, la grossesse ne fait pas fuir ses amants qui continuent à maintenir son équilibre avec efficacité. Heureuse en couple heureuse dans la vie, elle a presque tout pour être heureuse.

Il ne manque plus que la naissance de ce petit bout qui grossit rapidement à l'intérieur de son joli ventre. Ses seins suivent le même rythme et je me retrouve avec des formidables collines à caresser pour trouver le sommeil. Jamais elle ne me refuse de les toucher. Et, toujours, je reste le premier concerné par les évènements de sa vie. Je suis le mari, le mari fidèle à ma femme fidèle, sentimentalement parlant.

L'ultime humiliation.

Je l'accompagne dans toutes ses visites et ai le plaisir d'assumer mon rôle de bon époux jusqu'au bout à l'apparition des premières contractions. Presque au terme de ses neufs mois d'attente, elle me réveille en pleine nuit une nouvelle fois.

Prêt à aller de nouveau à la recherche de nourriture, de boisson ou de la bassine dans laquelle elle vomit régulièrement, je suis surpris de l'entendre me crier que le bébé va enfin sortir de son ventre.

La situation a été répété de nombreuses fois et il ne nous faut pas plus de dix minutes pour être dans la voiture. Direction l'hopital pour le dernier acte. Les sièges se souviendront longtemps de ce trajet mais il n'est pas question de ralentir pour eux.

Nous allons être parents, c'est la seule chose qui compte. Et je le répète en boucle aux infirmiers qui la prennent en charge à notre arrivée aux urgences. Elle broie ma main de la sienne sous la violence des contractions subies et me lâche difficilement à l'entrée de la salle d'accouchement devant laquelle je dois me contenter d'attendre en faisant les cent pas.

Plus d'une heure s'écoule avant que le personnel me laisse entrer dans la pièce pour découvrir le visage éprouvé de ma belle. Vieillie de plusieurs années par la douleur, elle sourit comme jamais devant le petit bébé tout fripé qui est le notre.

-Voici venir le papa, lui annonce l'infirmière à mon entrée.

Je me presse pour l'embrasser avant de prendre le bébé quand elle répond en souriant à l'infirmière.

-Ce n'est pas le père, c'est juste mon mari.